MIT ACHTSAMKEIT DIE WELT ENTDECKEN

Leolis Reise zu Ruhe und innerer Stärke

FÜR
UNSEREN
SONNENSCHEIN

Inhaltsverzeichnis

Wissen für die Eltern

Körper

Sinne

ATMUNG

GEFÜHLE

ELTERNTRICKKISTE

BLINZELGESCHICHTEN

»Entdecke die kleinen Dinge im Großen und die großen Dinge im Kleinen!« (Autor unbekannt)

Liebe Eltern,

ganz herzlichen Dank, dass ihr euch für dieses Buch entschieden habt. Dieses Übungsbuch ist für mich ein ganz besonderes Herzensprojekt, da neben meiner Expertise als Pädagogin vor allem auch mein Wissen als Entspannungstherapeutin voll zur Entfaltung kommt. Das Thema Achtsamkeit und Entspannung gehört zu den Schlüsselkomponenten, um Kinder in ihrer Entwicklung zu stärken und zu selbstbewussten Charakteren zu begleiten.

Ich möchte euch kurz erzählen, wie die Kita-to-Go, als kreativer Ideengeber und Familienbegleiter, entstanden ist. Als während Corona die Kindergärten schließen mussten, habe ich kurzerhand entschieden, mein Wissen rund um Kinderbeschäftigung mit Eltern zu teilen, die ihre Kids zu Hause betreuten. Herausgekommen sind die Spiel-, Bastel- und Lernideen rund um den lieben Löwen Leoli. Innerhalb kürzester Zeit haben über 50.000 Familien die Ideen genutzt und die Geschichten zum Leben erweckt. Mein Ziel war, und ist nach wie vor: Ich möchte eure Familienzeit bunter gestalten! Deshalb wünsche ich euch ganz viel Freude und achtsame Momente mit dem Übungsbuch.

Eure Marie & Leoli

BESUCHT UNS AUCH GERNE HIER: KITATOGO.DE

WISSEN FÜR DIE ELTERN

ACHTSAMKEIT, VIEL MEHR ALS NUR EIN MODEBEGRIFF

Das Wort Achtsamkeit ist gerade in aller Munde. Dabei steckt in dem Begriff und in der Bedeutung dahinter so viel mehr als nur eine kurzweilige Modeerscheinung. Ursprünglich findet sich das Konzept der Achtsamkeit bereits in den Anfängen des Buddhismus vor 3.000 Jahren wieder. Was ist aber nun genau gemeint, wenn von Achtsamkeit die Rede ist? Achtsamkeit bedeutet nichts anderes, als den Augenblick bewusst wahrzunehmen, zu beobachten und nicht zu beurteilen, sondern ganz im Hier und Jetzt zu leben! Das kann beim Zähneputzen, Essen, Spazierengehen oder bei jeder anderen Alltagsaktivität geschehen. Man beobachtet dabei seine Gedanken und Emotionen oder lenkt den Blick auf verschiedene Aktionen des Körpers.

Achtsamkeitsübungen haben das Ziel, den Fluss der Gedanken und Emotionen wertfrei zu betrachten und dadurch eine wohlwollende Distanz zu den Geschehnissen aufzubauen. Das wiederum hilft beim Stressabbau und fördert das eigene Wohlbefinden. Wir werden also zum wertfreien Beobachter unserer selbst.

Stress in der Kindheit

Kindheit wandelt sich stetig. So ist meine Kindheit beispielsweise eine andere gewesen als die meiner Eltern. Wie sieht also die Kindheit in der heutigen Zeit aus? Es mag vielleicht zunächst seltsam klingen, aber: Die heutige Kindheit ist anspruchsvoll! Fakt ist, wir leben in einer beschleunigten Gesellschaft und Kinder sind jeden Tag vielen Reizen ausgesetzt. Die meisten Kinder müssen bereits sehr früh im Leben eine hohe Anpassungsfähigkeit zeigen. Das fängt in der Kita an: Der vielerorts vorherrschende Fachkräftemangel trägt z. B. dazu bei, dass Kinder sich immer wieder »neu« anpassen müssen. Und das ist nur ein Faktor dem Kinder heutzutage ausgesetzt sind. Andere Stressoren können sein: Reizüberflutung, Zeitdruck, Leistungsdruck, Konflikte, Schicksalsschläge …

»Guter« und »schlechter« Stress

Eines ist also sicher: Stress beginnt nicht erst im Erwachsenenalter. Schon viele junge Kinder fühlen sich unter Druck gesetzt und überfordert. An dieser Stelle ist es wichtig, zwischen »gutem« und »schlechtem« Stress zu unterscheiden. »Guter« Stress wird durch Ereignisse erzeugt, die ohne negativen Druck und Ängste entstehen. Er treibt uns an, wichtige Aufgaben zu bewältigen, motiviert, steigert das Selbstwertgefühl und macht glücklich. »Schlechter« Stress hingegen schlägt aufs Gemüt und schwächt den Organismus. Ist das Stresshormon Cortisol im Dauereinsatz, kann das langfristig gesundheitsschädlich sein. Es hält den Körper in Alarmbereitschaft, d. h., der ganze Körper ist auf »Flucht oder Kampf« eingestellt. Das Fatale ist: Der Übergang von positivem zu negativem Stress ist fließend. Es ist also lange nicht eindeutig erkennbar, wann die Anforderungen zu groß werden. Zudem ist das individuelle Erleben und Verarbeiten von Stress von Person zu Person unterschiedlich.

Wie schafft man es also, starke Kinder in die Welt hinein zu begleiten? Kinder, die den unterschiedlichen Herausforderungen gewachsen sind, mutig sind, Gefühle zu leben, Entscheidungen zu treffen und eigene Wege zu gehen. Achtsamkeit kann eine bedeutende Antwort auf diese Fragen sein. Bereits junge Kinder können spielerisch lernen, achtsamer mit sich und der Umwelt umzugehen. Sie lernen dadurch, ihre Bedürfnisse wahr- und ernst zu nehmen und sich selbst besser kennen. Dadurch werden sie stressresistenter.

I'm born to be achtsam

Achtsamkeit ist uns Menschen übrigens in die Wiege gelegt. Beobachtet man Kinder in den ersten drei Lebensjahren, so wird man feststellen, dass sie fast allen neuen Eindrücken sehr sinnlich, fasziniert und konzentriert begegnen. Dies ist eine Eigenschaft, die das aufwachsende Kind im hektischen Alltag nach und nach verliert. Immer mehr Umwelteinflüsse müssen parallel verarbeitet werden und auch das Innenleben des Kindes wird zunehmend komplexer. Genau diese achtsame Haltung zu erhalten und weiter zu trainieren steht im Fokus dieses Übungsbuches.

Positive Wirkung von Achtsamkeitsübungen

Achtsamkeitsübungen helfen Kindern dabei, sich ganz auf den Augenblick zu konzentrieren. Wissenschaftliche Studien konnten belegen, dass regelmäßig durchgeführte Achtsamkeitsübungen einen positiven Effekt auf folgende Bereiche haben:

- Bessere Impulskontrolle und Umgang mit herausfordernden Gefühlen
- Erhöhte Konzentrationsfähigkeit
- Bessere Resilienz und innere Stärke
- Erhöhte Selbstwahrnehmung
- Erhöhtes Wohl- und Glücksempfinden

ÜBUNG MACHT DEN/DIE MEISTER*IN

In diesem Übungsbuch zum Thema »Achtsamkeit« findet ihr über 50 verschiedene Übungen und zusätzlich Fantasiegeschichten, um dem stressigen Alltag für einen Moment zu entkommen. Wichtig ist, dass das Buch ein Übungsbuch ist, denn wie Klavierspielen oder Lesen muss eine achtsame Haltung immer wieder geübt werden. Die positiven Effekte von Achtsamkeitsübungen stellen sich erst nach einer gewissen Zeit ein. Nur, wer die Übungen regelmäßig in den Alltag integriert, wird mit der Zeit eine positive Veränderung bemerken.

Grundsätzlich können die Übungen ganz individuell in den Familienalltag integriert werden. Wichtiger als die Uhrzeit oder der Ort, an dem die Übung durchgeführt wird, ist das Interesse und die Lust des Kindes an der Übung. Hilfreich ist eine entspannte und stressfreie Atmosphäre.

TIPPS ZUR UMSETZUNG

Hier sind einige Tipps, wie die Umsetzung von Achtsamkeitsübungen im stressigen Familienalltag gelingen kann. Wichtig zu wissen: Es ist völlig o. k., wenn am Anfang noch nicht alles auf Anhieb gelingt. Dann heißt es einfach tief durchatmen, lachen und weitermachen.

1. Üben ohne Leistungsdruck
Achtsamkeitsübungen sind für jüngere Kinder Spiele und dürfen auch gerne als solche bezeichnet werden. Klingt auch viel spannender als das Wort »Übung«. Im Mittelpunkt der Aktivität steht immer Spaß und Freude am Tun. Leistungsdruck ist völlig fehl am Platz und sollte bei Achtsamkeitsübungen nie eine Rolle spielen.

2. Step by step
Aller Anfang ist schwer. Probiert einfach die ersten Übungen, die dem Kind wirklich Freude bereiten. Versucht, die Übungen regelmäßig in den Alltag zu integrieren und zu wiederholen! Nach und nach wird das Kind das »Konzept« von Achtsamkeitsübungen begreifen und automatisch in einen für die Übungen hilfreichen Modus kommen. Dafür braucht es einfach etwas Zeit und Geduld.

3. Rituale gestalten
Verwandelt ein paar der Übungen in feste Rituale. Diese können immer wieder zur gleichen Zeit oder Umgebung umgesetzt und Teil des Familienalltags werden. Die meisten Kinder lieben Rituale, weil sie Sicherheit und Geborgenheit vermitteln.

4. Schafft eine schöne Atmosphäre
Damit auch die Atmosphäre passt, kann der Raum, in dem die Übungen stattfinden, gemütlich erwärmt werden. Wie wäre es zudem mit einem schönen Licht, ein paar Kuscheldecken oder sogar einem wohlriechendem Duft? Schafft eine für euch schöne Atmosphäre.

5. Eltern bleiben Vorbilder
Die Eltern spielen beim Achtsamkeitstraining mit Kindern eine wichtige Rolle. Man kann es als große gemeinsame Aufgabe für die ganze Familie sehen. Während der Übungen darf/soll der Erwachsene gerne direkt mitmachen. Es ist für Kinder schön, wenn das Elternteil nicht nur zuguckt, sondern mitmacht und ausprobiert. So begegnen sich Kind und Elternteil auf Augenhöhe und werden beide zu Lernenden. Zudem fällt es viel leichter, sich danach in einem Dialog über das Erlebte auszutauschen und gemeinsam zu reflektieren. Da all die Übungen mit Leichtigkeit umgesetzt werden können, wird so eine vertraute und wertschätzende Atmosphäre geschaffen. Während der Übungen sollten Ablenkungen vermieden werden, indem z. B. das Handy stumm geschaltet wird.

Achtsames Verhalten sollte sich übrigens nicht nur auf die Übungszeit beschränken – auch hier sind die Eltern ein Vorbild für Achtsamkeit im Alltag.

ACHTSAMKEITS-ÜBUNGEN

Wie in allen Kita-to-Go-Büchern lädt der liebe Löwe Leoli auch in diesem Buch zu einem spannenden Abenteuer ein. Rund um die Welt lernen die Kinder neue Freunde, ihre Gefühle und tolle Übungen kennen, mit denen man zu mehr Ruhe und Achtsamkeit findet. Jede Übung lenkt den Fokus dabei auf eine von fünf unterschiedlichen Kategorien. Diese fünf Kategorien leiten quasi als Guide durch das Buch, sodass es euch als Eltern leichtfällt, schnell zu erkennen, was in der jeweiligen Übung im Fokus steht.

Gut zu wissen

Egal welche Übung, allen voran steht das Ziel, negativen Stress zu reduzieren, den Fokus aufs Hier und Jetzt zu lenken und Dinge wertfrei zu beobachten. An dieser Stelle werden noch mal einige »Red Flags« aufgelistet, also Indikatoren dafür, dass das Kind einem hohen Stresslevel ausgesetzt ist und Achtsamkeits- und Entspannungsübungen besonders guttun:

- Häufige Bauchschmerzen und/oder Kopfschmerzen
- Depression und Teilnahmslosigkeit
- Aggression, Wutanfälle, Reizbarkeit
- Konzentrationsstörungen
- Andere psychosomatische Beschwerden wie z. B. Schlafprobleme

KÖRPER UND BEWEGUNG

In den Übungen, die zu der Kategorie »Körper und Bewegung« gehören, wird vor allem ein ganzheitliches Körperempfinden geschult. Gerade, wenn der akute Stresspegel hoch ist, kann Bewegung bzw. Körperarbeit genau das Richtige sein, um wieder in seine Mitte zu finden. Das Adrenalin, das den Körper aufputscht, wird nämlich durch körperliche Betätigung schnell wieder abgebaut. Bei Körperübungen erleben Kinder schnell erste Erfolgserlebnisse an sich selbst. Sie fühlen sich z. B. wohler und ausgeglichener.

Kinder sind ohnehin ständig in Bewegung. So fällt es leicht, Körper- und Bewegungsübungen mit dem Hintergrund der Ruhe und Entspannung anzubieten. Besonders für Kinder, die ungern länger stillsitzen, bringt die Mischung aus körperlicher Aktivität und Konzentration viel Spaß. Die Übungen in diesem Buch sind eine bunte Sammlung an Ideen, die tatsächlich vollen körperlichen Einsatz erfordern, und Übungen, die eher zum Ausruhen und Innehalten anregen.

Tipps zur Umsetzung von Körperübungen
Für die Körper- und Bewegungsübungen sollte ein Rahmen geschaffen werden, der für die jeweilige Übung angemessen ist. Für eine Ruheübung dürfen akustische Störer gerne beseitigt werden, während bei aktiven Übungen mögliche Stolperfallen entfernt werden sollten.

Gerade bei den »aktiveren« Übungen kann es den Kindern schwerfallen, diese bewusst als Achtsamkeitsübung und nicht als Tobe-Spiel wahrzunehmen. Hier ist es wichtig, immer wieder Ruhe in die Situation bringen, sodass vom eigentlichen Fokus nicht abgelenkt wird. Es bietet sich zudem immer an, eine Körperübung mit einer anderen Achtsamkeitsübung, z. B. einem Atemspiel, zu kombinieren.

ATMUNG

Die Atmung ist ein unbewusster Körperprozess, der einen großen Einfluss auf unser Wohlbefinden hat. Wie wir atmen, beeinflusst sogar unsere Stimmung und die Funktionsweise des Gehirns. Schon wenige tiefe Atemzüge, sorgen für eine verbesserte Durchblutung des Gehirns. Wird jedoch zu schnell und zu oberflächlich geatmet, verringert sich die Durchblutung, Hände und Füße werden z. B. schneller kalt. Das Gehirn bekommt nicht mehr den Sauerstoff, den es zum Funktionieren benötigt. Viele Erwachsene und auch schon Kinder atmen schlichtweg zu flach.

Die Übungen in diesem Buch helfen, sich den unbewussten Prozess der Atmung wieder bewusst zu machen. Kinder können dann die richtige Atemtechnik regelrecht als Werkzeug benutzen, um gezielt für innere Ruhe zu sorgen und die eigene Konzentrationsfähigkeit zu steigern.

Positive Effekte sind:

- Verbesserte Durchblutung des Körpers
- Beruhigt Körper und Geist
- Schüttet Glückshormone aus
- Schenkt Energie
- Hilft beim Einschlafen

Tipps zur Umsetzung von Atemübungen
Wie sieht denn nun eine gute Atmung aus? Mit Kindern übt man am besten die tiefe Bauchatmung (Zwerchfellatmung), da schon Babys mit dieser Art der Atmung auf die Welt kommen.

Hier gibt's eine kurze Anleitung:
Für die tiefe Bauchatmung solltest du entspannt liegen. Am besten so, dass der Rücken gerade ist und der Bauch sich frei entfalten kann. Jetzt leg eine Hand locker auf den Bauch. Atme langsam in den Bauch ein, sodass die Hand sich hebt. Halte die Luft kurz an und atme sie dann vollständig wieder aus. Der Bauch senkt sich dabei. Halte die Luft einen kurzen Moment an, bevor du wieder einatmest. Wiederhole diesen Rhythmus zwölfmal und konzentriere dich nur darauf, langsam in den Bauch einzuatmen, halten, und langsam wieder auszuatmen, halten.

SINNE

Kinder sind rund um die Uhr auf Entdeckungstour. Sie sind aufgeweckte Forscher und Forscherinnen der Welt um sie herum. Für die Erforschung der Umgebung nutzt das Kind von Beginn an alle seine Sinne. Gerade Entspannungs- und Achtsamkeitsübungen können helfen, die Entwicklung der Sinne zusätzlich zu fördern.

In diesem Buch gibt es viele Übungen, die das Thema Sinneswahrnehmung in den Fokus rücken. Die Übungen werden dabei in folgende Wahrnehmungsbereiche aufgeteilt: Sehen, Hören, Riechen, Fühlen oder Schmecken. Die fünf Sinne, bieten sich für spielerische Erfahrungen an.

Die Aufteilung nach bestimmten Sinnesschwerpunkten ist besonders sinnvoll, damit sich die Kinder auf nur einen Sinn voll und ganz konzentrieren können.

Tipps zur Umsetzung von Sinnesübungen

Da jeweils nur ein Sinn im Fokus der Übung steht, sollte darauf geachtet werden, dass die Umgebung »sinnesfreundlich« vorbereitet wird. Gerade für jüngere Kinder sollten mögliche Störfaktoren vorab aus dem Weg geräumt werden. Die meisten Erwachsenen kennen das Phänomen, wenn andere Sinne »ausgeschaltet« sind, verbessert sich die Wahrnehmung der anderen Sinnesorgane. Wir schmecken z. B. intensiver, wenn unsere Augen verbunden sind.

Die Sinnesübungen können übrigens ganz toll verbal begleitet werden. Das Kind soll immer wieder dazu ermutigt werden, genau zu beschreiben was es z. B. hört, riecht oder fühlt. Dadurch erweitert sich spielerisch der Wortschatz und das abstrakte Denken wird gefördert.

GEFÜHLE

Kinder lernen zwischen 3–6 Jahren die eigene Gefühlswelt und auch die der anderen immer differenzierter kennen.

Wichtige Schritte in der Gefühls-Ausbildung sind:

- Das Kind wird sich seiner eigenen Gefühle bewusst und lernt, diese in Mimik, Gestik und später auch in Worten auszudrücken.
- Das Kind kann verschiedene Gefühle voneinander unterscheiden. Die eigenen Gefühle werden von fremden Gefühlen auseinandergehalten.
- Das Kind lernt, Gefühle von anderen zu »lesen«. Dadurch ist es immer besser in der Lage, sich in andere Menschen hineinzuversetzen.
- Durch Selbstregulation kann das Kind mit unangenehmen Gefühlen wie z. B. Wut umgehen.

In diesem Buch gibt es viele Übungen, die darauf abzielen, Gefühle erst einmal wahrzunehmen, diese dann aber auch zu verbalisieren und einen geeigneten Umgang mit ihnen zu finden. In manchen Übungen steht ein Gefühl besonders im Mittelpunkt, bei anderen Übungen wiederum geht's um einen bunten Gefühls-blumenstrauß.

Tipps zur Umsetzung von Gefühlsübungen

An dieser Stelle soll noch mal betont sein: Kinder fangen gerade an, ihre Gefühle kennenzulernen. Sie bewegen sich in ihrer Gefühlswelt oftmals noch unsicher.

Wichtig bei den Gefühlsübungen ist vor allem eine wertschätzende Haltung. Alle Gefühle sind richtig und wichtig. Gefühle jeglicher Art müssen ernst genommen werden – denn sie haben alle eine wichtige Funktion. Nehmt euch für die Übungen besonders viel Zeit. So könnt ihr ohne Stress Gefühle besprechen, die spontan hochkommen, oder dem Kind ganz entspannt und ohne Zeitdruck zuhören.

Der Erwachsene hat bei den Übungen zudem die Aufgabe, dem Kind seine Gefühle immer wieder zu spiegeln.

BLINZEL-GESCHICHTEN

Ein schöner Weg, um Ruhe und Achtsamkeit zu erleben, sind Fantasie- bzw. Traumreisen. Sie sind ein meditativer Prozess, der viel Vorstellungskraft braucht. Kinder sind von Natur aus noch sehr fantasievoll, was sie besonders sensibel für diese Methode macht.

In diesem Buch gibt es sechs tolle Geschichten, die euch einladen, diese Art der Achtsamkeits- und Entspannungstechnik spielerisch auszuprobieren. Jede Geschichte hat einen speziellen Fokus und orientiert sich z. B. an der Methode des Autogenen Trainings oder der Technik der Progressiven Muskelentspannung.

Der Aufbau der Geschichten ist immer gleich. Jede Geschichte beginnt mit einer sanften Einführung und Atemübung, darauf folgt eine Reise und zu guter Letzt erfolgt eine Rückholung. Der Anfang und der Schluss der Geschichten sind fast immer gleich, da es den Kindern durch diese ritualisierte Form viel leichterfällt, sich auf die Entspannung einzulassen. Wir erzielen einen klassischen Lerneffekt durch Wiederholung.

Tipps zur Umsetzung von Blinzelgeschichten

Vielen Kindern fällt es schwer, die Augen für einige Zeit komplett geschlossen zu halten. Deshalb ist es völlig o. k., dass die Kinder während der Session hin und wieder blinzeln – daher auch unser Wort »Blinzelgeschichte«.

Bevor ihr mit dem Vorlesen einer Geschichte beginnt, sollte der Raum dafür vorbereitet werden. Dimmt z. B. das Licht, legt eine angenehme Unterlage, Kissen und Decken bereit. Das Vorlesen einer Blinzelgeschichte braucht etwas Übung. Lest den Text ganz langsam vor und lasst fast nach jedem Satz eine Pause. Das Lesen der Geschichten dauert mit der »richtigen« Lesetechnik zwischen 4–5 Minuten.

Und zu guter Letzt: Plant viel Zeit für die Rückholung ein. Die Entspannungstechnik kann zu tranceähnlichen Zuständen führen, da braucht es einfach einige Minuten Zeit, um mit allen Sinnen wieder da zu sein. Die Rückholung kann man auch wunderbar mit einer Körperübung aus dem Buch abschließen.

MIT LEOLI
AUF GROSSER REISE

LÖWE LEOLI HAT ANGST

Der liebe Löwe Leoli hat Angst. Ja, auch Löwen können Angst haben Leoli bekommt dann oft Bauchweh und sein Herz schlägt ganz schnell. Sein Körper zittert leicht und er möchte sich am liebsten ganz klein machen und irgendwohin verkriechen. Lasst uns mal nachfragen, wovor er Angst hat!

»Ich habe Angst vor der großen Reise, auf die ich mich gleich begebe. Angst davor, dass ich keine neuen Freundinnen und Freunde finde, oder dass ich Heimweh bekomme und es mir womöglich nicht gefällt!«

Kennst du das Gefühl, das Leoli gerade erlebt? Wann hattest du das letzte Mal Angst und was hast du dagegen getan?
Lass uns dem lieben Löwen Leoli dabei helfen, mit seiner Angst umzugehen, indem wir mit ihm folgenden Spruch dreimal hintereinander aufsagen:

»ICH DARF ANGST HABEN UND KANN GLEICHZEITIG MUTIG SEIN!«

Wenn du dich das nächste Mal ängstlich fühlst, dann sag diesen Spruch dreimal hintereinander laut zu dir selbst. Eines sollst du immer wissen, jedes deiner Gefühle ist wichtig. Und du bist genau so richtig, wie du bist!

Elterntrickkiste:

IDEEN, UM ANGST ZU VERWANDELN

Hier findet ihr tolle Ideen, um spielerisch mit dem Gefühl der Angst umzugehen. Die Verwandlungstechniken funktionieren natürlich auch mit anderen Gefühlen.

Angst aufspüren

Wo spürt das Kind die Angst im Körper? Tut z. B. der Bauch weh oder ist es ein drückendes Gefühl in der Brust? Indem das Kind, wie ein Detektiv, die Körperstelle spürt, wo die Angst sitzt, wird es spielerisch vom Gefühl abgelenkt.

Luftballon aufpusten und schrumpfen lassen

Schnappt euch einen Luftballon und pustet die ganze Angst in diesen Ballon. Jetzt habt ihr die Angst erst einmal weggeschlossen. Schaut in den nächsten Tagen dabei zu, wie der Ballon mit der Angst immer mehr zusammenschrumpft. Mit dem Beispiel könnt ihr toll erklären, dass jedes Gefühl auch wieder weggeht.

Angst umfärben

Gebt dem Gefühl eine neue Gestalt. Welche Farbe hat die Angst? Das Kind darf die Angst einfach umfärben. Es kann sich dafür seine Lieblingsfarbe aussuchen oder einen viel freundlicheren und schöneren Farbton wählen. Eine pinke Angst ist gar nicht mehr so furchteinflößend, oder?

Angst parken

Nehmt die Angst in die Hand und parkt diese einfach für eine Weile z. B. im Spielzeugregal. Überlegt gemeinsam, wann und von wem sie wieder abgeholt werden soll. So habt ihr sie für eine Zeit lang wirklich vom Kind getrennt.

KAPITÄN DER AUFMERKSAMKEIT

»Wusstest du, dass du der Kapitän oder die Kapitänin deiner eigenen Aufmerksamkeit bist?«

1. Setz dich gemütlich in den Schneidersitz und mache deine Hände zunächst locker. Du kannst sie dafür erst mal ausschütteln.
2. Klatsche nun fest in die Hände und achte nun darauf, wie sich das Geräusch anhört.
3. Klatsche nun noch mal in deine Hände, vielleicht sogar mehrmals hintereinander, und achte darauf, wie sich deine Hände dabei anfühlen.
4. Noch eine Runde: Versuche beim Klatschen nun darauf zu achten, wie sich z. B. ein bestimmter Finger anfühlt.

Info für die Eltern

Noch bewusster wird die Übung, wenn das Kind danach beschreibt, wie sich das Klatschen anhört und sich die Hände anfühlen. Werden die Hände z. B. ganz warm oder kribbeln die Finger? Versucht gemeinsam passende Worte zu finden.

BRÜLLEN WIE EIN LÖWE

»Sogar Löwen haben manchmal Angst. Und weißt du, was sie dann machen? Dann brüllen sie umso lauter!«

1. Zuerst kommst du auf alle viere und streckst den Po nach hinten. So, als würdest du Anlauf zum Brüllen nehmen.
2. Jetzt kommst du mit dem Oberkörper nach vorne, streckst die Zunge raus und reißt auch die Augen weit auf. Dabei brüllst du laut wie ein Löwe: Roooooaaaaaaaaar!
3. Und gleich noch mal! Damit du ganz laut brüllen kannst, nimm zuvor einen tiefen Atemzug. Du atmest tief ein und beim Ausatmen brüllst du dann wieder: Roooooaaaaaaaaar!

Info für die Eltern

Zu brüllen wie ein Löwe stärkt das Selbstbewusstsein und baut Spannungen ab. Die Übung tut vor allem gut, wenn man wütend oder sauer ist. Übrigens, auch die Stimme wird dadurch gekräftigt, was zu einer selbstbewussten Stimme und Sprache führt.

ERINNERUNGS-KOFFER

»Bist du schon einmal verreist? Dann hast du ja sicherlich einen Koffer voller Erinnerungen, oder? Weißt du noch, wie du dich in bestimmten Momenten gefühlt hast?«

1. Sprecht gemeinsam über einen Urlaub, der noch nicht allzu lange her ist.
2. Jetzt könnt ihr den Gefühlskoffer öffnen. Das Kind kann einige Situationen beschreiben und dann benennen, wie es sich in ihnen gefühlt hat. Das kann z. B. sein: »Im Flugzeug war ich aufgeregt«, »Beim Baden war ich stolz auf mich« oder »Im Hotel war ich neugierig«.
3. Der Erwachsene kann dem Kind beim Benennen der Gefühle helfen und Wörter vorschlagen. Gefühle, die man mit einem Urlaub verbindet, können z. B. sein:

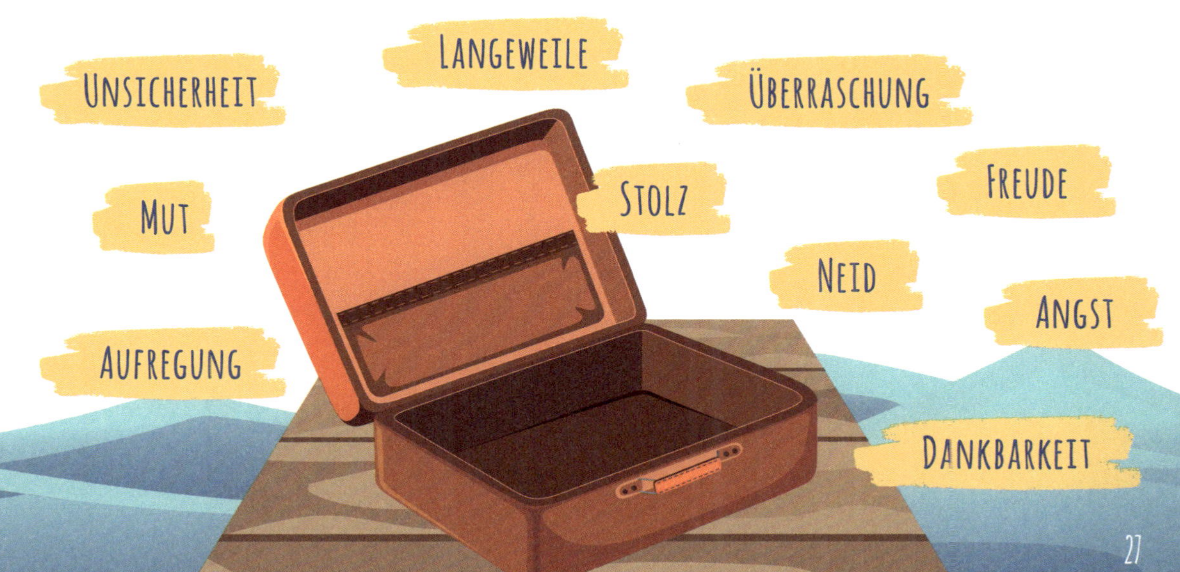

WILDES MEER

» Die See ist heute besonders rau und wild. Um das Schiffchen sicher an sein Ziel zu bringen, können wir das Meer beruhigen. Ich zeige euch, wie das geht!«

1. Bastele dir für diese Übung flink ein Papierschiffchen. Alternativ kannst du auch ein Kuscheltier nehmen.
2. Lege dich nun gemütlich auf den Rücken und lege dein Schiffchen auf deinen Bauch.
3. Durch deine Atmung kannst du das Schiffchen nun bewegen. Lass das Meer wild werden, indem du bewusst schnell ein- und ausatmest.
4. Jetzt kannst du das Meer beruhigen, indem du langsam und tief in deinen Bauch einatmest und die Luft danach langsam wieder ausatmest.

Info für die Eltern

Die tiefe Bauchatmung fördert die Entspannung des ganzen Körpers. Man kann sie am besten in der Rückenlage üben. Beim Einatmen hebt sich der Bauch nach oben und beim Ausatmen senkt er sich wieder. Die eingeatmete Luft muss so tief in den Bauch gelangen, dass sich dieser hebt und anschließend wieder komplett senkt. Hierfür atmet das Kind durch die Nase ein und durch den Mund wieder aus.

DEINE RUHEOASE

Lege dich so richtig gemütlich hin. Finde eine Position, in der dich nichts mehr stört und du für die nächsten Minuten entspannt liegen bleiben kannst. Hast du eine bequeme Lage gefunden? Nimm dir so viel Platz, wie du brauchst. Du kannst ruhig ganz viel Raum für dich einnehmen.

Wenn du magst, schließe jetzt deine Augen. Vielleicht willst du sie aber auch nur ein bisschen schließen und immer mal wieder blinzeln. Das ist völlig ok. Wichtig ist, dass du dich voll und ganz entspannen kannst. Gönne dir jetzt ein paar ganz tiefe und bewusste Atemzüge. Atme kräftig durch die Nase ein und durch den Mund wieder aus. Wiederhole das ruhig ein paarmal.

Nun darfst du mit dem Schiff deine eigene Ruheoase ansteuern. Weißt du schon, wohin es gehen soll? Stell dir einfach einen Ort in deiner Fantasie vor, den du besonders gerne magst und wo du gerne sein möchtest. Dieser Ort kann z. B. ein See sein, ein Bach, eine schöne Blumenwiese oder vielleicht möchtest du im Sand liegen? Jetzt schippere dorthin.

Egal wo du jetzt bist, es ist dein eigener Ruheort. Vielleicht probierst du ein paar Orte aus, bevor du dich entscheidest. Wenn du einen schönen Ort gefunden hast, dann bleibe einfach eine Weile dort.

Sieh dich nun in deiner Ruheoase aufmerksam um. Wenn du dich umschaust, was siehst du dann? Vielleicht blickst du in den blauen Himmel, vielleicht sind viele bunte Pflanzen um dich herum oder du siehst verschneite Berge. Sollte es an diesem Ort etwas geben, das dich stört, mache es einfach ganz klein. Sieh dir vor allem das an, was dir gefällt.

Was kannst du in deiner Ruheoase hören? Wenn du genau lauschst, was hörst du dann? Vielleicht hörst du das Plätschern eines Baches oder du hörst den Wind in den Blättern der Bäume rauschen oder kunterbunte Vogelgesänge. Versuche einmal, ein Geräusch besonders genau zu hören.

Wie fühlt sich deine Ruheoase an? Wenn du genau in dich hineinspürst, was fühlst du dann? Vielleicht ist der Boden, auf dem du liegst, ganz weich. In etwa so, als würdest du auf einer flockigen Wolke liegen. Oder spürst du warmen, feinen Sand zwischen deinen Fingern? Oder was ganz anderes?

Genieße noch für eine Weile deine Ruheoase. Gönne dir ein paar kräftige Atemzüge. Ganz langsam kannst du nun wieder in diesen Raum zurückkommen. Bewege deine Hände und deine Füße. Wackle mit deinen Armen und Beinen und strecke und recke dich. Mache das alles in deiner eigenen Geschwindigkeit.

Wenn du so weit bist, öffne langsam deine Augen. Du bist wieder voll im Hier und Jetzt angekommen.

RUHEOASE

GLITZERGLAS

» Die Nacht ist hereingebrochen. Mein Kopf ist aber noch so voller Gedanken, dass ich nicht einschlafen kann. Lasst uns gemeinsam das glitzernde Wasser angucken – es wird uns bestimmt ruhiger machen.«

1. Für dein Glitzerglas brauchst du ein sauberes Schraubglas oder eine Plastikflasche mit passendem Deckel.
2. Fülle jetzt (zusammen mit einem Elternteil) abgekochtes Wasser in das Gefäß. So viel, dass es fast ganz voll ist.
3. Nun schnapp dir den Kleber und gib einiges davon ins Wasser.
4. Streue Glitzer dazu und verschließe dein Gefäß sehr gut.
5. Jetzt kannst du dein Glitzerglas kräftig schütteln und dabei zusehen, wie der Glitzer erst wild durcheinanderwirbelt und sich dann nach und nach auf den Boden setzt.

MATERIALIEN

- Sauberes Marmeladenglas oder kleine Flasche
- Abgekochtes Wasser
- Lösungsmittelfreier Kleber
- Glitzer (fein und grob)

Beruhigen & Entschleunigen

Ein Glitzerglas hat die Kraft, unsichtbare Dinge sichtbar zu machen. Kinder sind naturgemäß impulsiv. Sie können ihre Gedanken und Gefühle noch nicht richtig wahrnehmen und es fällt ihnen schwer, diese zu beschreiben. Die Idee des Glitzerglases ist es, das Durcheinander der Gefühle oder Gedanken sichtbar zu machen. So sehen die Kinder, wie schwierig es ist, in aufwühlenden Situationen noch klar zu sehen oder zu denken. Das klappt erst, wenn Ruhe einkehrt und sich der Glitzer legt.

Kinder verstehen diesen Vergleich sehr gut und können spielerisch mit ihm umgehen. Die Betrachtung des Glitzerglases hat eine beruhigende und entschleunigende Wirkung auf das Kind. Die Übung eignet sich daher hervorragend, vor dem »Zubettgehen« umgesetzt zu werden.

EISBERGE PUSTEN

»Siehst du dahinten die großen Eisberge? Damit wir an ihnen vorbeikommen, müssen wir sie zu Seite pusten. Meinst du, wir bekommen das hin?«

1. Klebe dir zuerst mit dem Klebeband eine gerade Linie auf einem Tisch fest.
2. Platziere nun 5–7 Wattebälle nebeneinander auf dieser Linie. Das sind nämlich die Eisberge, die du gleich zur Seite pusten wirst.
3. Jetzt kann es losgehen: Spitze deine Lippen und puste nun vorsichtig und gleichmäßig den ersten Eisberg beiseite. Achtung, der Watteball darf nicht vom Tisch fallen.
4. Mache das selbe mit den anderen Bällen, bis das Klebeband vollkommen von den Eisbergen befreit ist. Vielleicht hast du ja sogar eine Spielzeugfigur, die du im Spiel mitwandern lassen kannst.

INFO FÜR DIE ELTERN

Die Übung trainiert neben der Atmung auch die Mundmotorik, da das Kind die Lippen spitzen und runden muss, damit der Luftstrom zielgerichtet die Wattebällchen erreicht.

MATERIALIEN

- Wattebälle
- Klebeband

WIE SCHMECKT ...?

»Auf einer langen Reise gibt es auch viele neue Geschmäcker zu entdecken. Lass uns herausfinden, was dir am besten schmeckt.«

1. Bei dieser Übung werden dem Kind mit der Augenbinde die Augen verbunden.
2. Das Elternteil darf nun ein Brot in viele Stückchen schneiden. Jedes Stückchen wird nun mit etwas anderem bestrichen. Das kann z. B. sein: Frischkäse, Marmelade, Gemüseaufstrich, Butter, Schokocreme etc.
3. Das Kind bekommt das erste Brotstück gereicht und kann nun erraten, was es gerade isst. Viellicht beschreibt es auch etwas ausführlicher, was es genau schmeckt.
4. Wie viele Aufstriche werden richtig erkannt und benannt?

MATERIALIEN

- Augenbinde
- Brot
- Unterschiedliche Aufstriche

1-MINUTE-SCHÄTZEN

»Wann sind wir endlich da? Oh – dahinten ist schon Land in Sicht. Ich schätze, wir brauchen noch eine Minute. Weißt du, wie lange eine Minute ist?«

1. Legt euch für dieses Spiel eure Stoppuhr bereit.
2. Das Kind soll nun abschätzen, wie lang eine Minute ist! Das Elternteil gibt hierfür ein Startsignal und lässt die Stoppuhr laufen.
3. Das Kind sitzt oder steht entspannt da und hört in sich hinein. Wenn es denkt, dass eine Minute vorbei ist, gibt es ein Stoppsignal.
4. Und? Wie lange hat sich eine Minute angefühlt?

MATERIALIEN

- Stoppuhr oder Uhr mit Sekundenzeiger

MIT LEOLI IN DEN DSCHUNGEL

FAULTIER FLORI FREUT SICH

Faultier Flori freut sich. Er fühlt sich leicht und voller Energie. In seinem Bauch kribbelt es angenehm und sein ganzer Körper fühlt sich wohlig warm an. Er könnte die große weite Welt umarmen und muss immerzu lachen. Lasst uns mal nachfragen, was Faultier Flori glücklich macht!

»Ich freue mich, weil ich gerade von einem herrlichen Mittagsschlaf aufgewacht bin. Den ganzen restlichen Tag darf ich jetzt mit meiner besten Freundin spielen. Sie hat immer so viele tolle Ideen, dass wir bestimmt ein spannendes Abenteuer erleben werden.«

Kennst du das Gefühl, das Faultier Flori gerade erlebt? Was ist Freude / Glück für dich? Freuen wir uns für das Faultier Flori und genießen sein Glück ganz bewusst mit ihm, indem wir mit ihm folgenden Spruch dreimal hintereinander aufsagen:

»ICH DARF MEIN GLÜCK GENIESSEN. LACHEN BRINGT FREUDE UND MACHT SPASS!«

Wenn du dich das nächste Mal glücklich fühlst, dann sag diesen Spruch dreimal hintereinander laut zu dir selbst. Eines sollst du immer wissen, jedes deiner Gefühle ist wichtig. Und du bist genau so richtig, wie du bist!

Elterntrickkiste:

SO KANN GLÜCK GETEILT WERDEN

Wie hat Albert Schweitzer schon so schön gesagt: »Das Glück ist das Einzige, das sich verdoppelt, wenn man es teilt.« Hier findet ihr ein paar Vorschläge, wie man Glück ganz einfach teilen kann.

Glück verschenken

Überlegt gemeinsam in einem glücklichen Moment, wie man jemand anderen glücklich machen kann. Das kann z. B. ein Familienmitglied oder ein Freund, eine Freundin sein. Denkt euch eine kleine Aktion oder ein Geschenk aus. Es soll jedoch nicht nur bei der Idee bleiben, sondern in den nächsten Tagen direkt umgesetzt werden. Ihr könnt das Glück übrigens auch »heimlich« verschenken. Ihr werdet bestimmt merken, dass ihr beim »Glückverschenken« auch glücklich werdet.

Eine ganze Glückswoche

Jeder in der Familie bekommt die Aufgabe, Situationen zu sammeln, in denen man Glück empfindet. Das können Situationen im Kindergarten sein, beim Spielen, zu Hause, in der Natur, mit Freunden usw. Einmal am Tag werden die Glücksmomente entweder aufgemalt oder aufgeschrieben. Schaut gemeinsam, wie viele Glücksmomente sich nach einer Woche angesammelt haben.

Glücksgutschein einlösen

Bastelt gemeinsam ein paar bunte Glücksgutscheine. Immer dann, wenn Glück gebraucht wird, könnt ihr einen der Gutscheine gegen eine große Portion Glück eintauschen.

FEDERLAUF

»Sieh mal, dahinten liegen bunte Federn von Papa- und von Mamagei. Such dir eine Glücksfeder aus und bringe sie zu uns. Aber sei vorsichtig und lasse sie nicht fallen.«

1. Suche dir für diese Übung einen kurzen Weg aus oder baue dir einen kleinen Parcours auf. Vielleicht findest du einen geeigneten Weg im Flur oder im Wohnzimmer.
2. Lege dir jetzt eine schöne leichte Glücksfeder auf deine geöffnete Handfläche.
3. Versuche, die Feder vorsichtig auf deiner Hand zu balancieren und dabei den Weg abzulaufen. Die Feder sollte dir nicht von der Handfläche fallen.

MATERIALIEN

- Eine bunte Feder

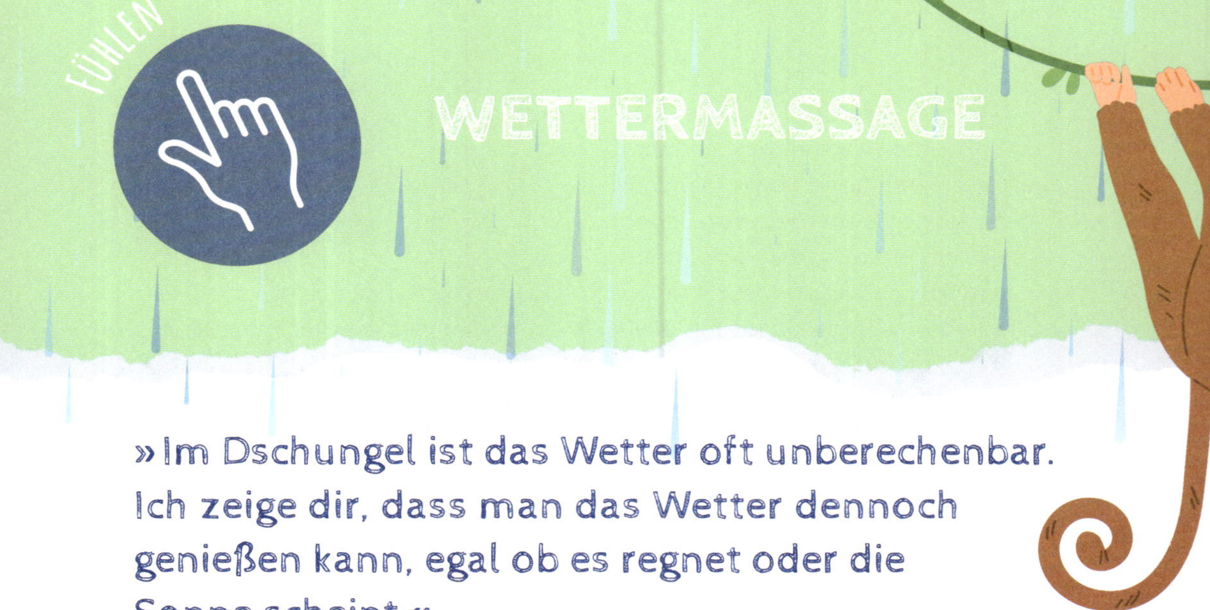

WETTERMASSAGE

»Im Dschungel ist das Wetter oft unberechenbar. Ich zeige dir, dass man das Wetter dennoch genießen kann, egal ob es regnet oder die Sonne scheint.«

Das Kind legt sich für die Wettermassage auf den Bauch. Der Rücken sollte so frei sein, dass es die Massage gleich intensiv genießen kann. Das Elternteil kann sich nun an folgenden Wettermöglichkeiten austesten und eine kleine Geschichte erzählen.

- Sonne: Mit den Handflächen sanft über den Rücken streichen und so die entstandene Wärme weitergeben. Oder die Hände davor durch Reiben erwärmen und auf den Rücken legen.
- Regen: Mit den Fingerspitzen auf den Rücken trommeln. Variiert in der Intensität (mal leicht und mal stärker).
- Wind: Mit beiden Handflächen über den Rücken streichen oder pusten.
- Donner: Mit den Fäusten auf den Rücken trommeln – bitte nicht zu fest.
- Blitz: Schnell mit dem Finger eine Zickzacklinie über den Rücken ziehen.
- Schnee: Ganz leicht mit den Fingerkuppen über den Rücken tupfen.

GEFÜHLSDUSCHE

»So ein Dschungelregen spült alles davon – sogar unangenehme Gefühle!«

1. Stelle dich schulterbreit, fest und stabil hin. Ziehe außerdem deine Schultern ein wenig nach hinten.
2. Überlege dir jetzt, wie du dich fühlst! Vielleicht gibt es ein Gefühl, das sich im Moment nicht gut anfühlt? Benenne das Gefühl entweder laut oder denke es einfach leise.
3. Jetzt kann es schon losgehen: Wasche dir das unangenehme Gefühl einfach ab. Tue dafür so, als wärst du unter der Dusche. Putze es dir vom ganzen Körper, indem du es dir z. B. von den Armen und den Beinen herunterstreichst.
4. Das Gefühl nach der Gefühlsdusche ist herrlich, oder?

INFO FÜR DIE ELTERN

Jedes Gefühl ist wichtig und wertvoll – auch die für uns unangenehmen Gefühle. Vermeidet daher, pauschal von »guten« und »schlechten« Gefühlen zu sprechen, denn jedes Gefühl hat seine Berechtigung, da zu sein.

SCHLANGEN-SPRACHE

»Schlange Susanne hat uns entdeckt. Aber keine Sorge, sie ist lieb und wird uns nichts tun. Sie will sich mit uns unterhalten. Ich zeige dir, wie Schlangensprache geht.«

1. Setze dich auf einen Stuhl und halte deinen Rücken ganz gerade und aufrecht.
2. Lege nun die Hände auf den Bauch und atme tief durch die Nase ein. Achte darauf, wie dein Bauch dabei anschwillt.
3. Lasse nun die Luft aus dem Mund wieder heraus und zischen dabei wie eine Schlange.
4. Damit Susanne dein Zischen auch hören kann, solltest du möglichst langsam ausatmen.

INFO FÜR DIE ELTERN

Diese Übung leitet spielerisch dazu an, tief ein- und auszuatmen. Ihr könnt euch als Eltern an dem »Schlangendialog« beteiligen, indem ihr euch mit eurem Kind beim Zischen abwechselt.

RASCHELN IM DSCHUNGEL

»Hier im Dschungel raschelt und knistert es in jeder Ecke! Schließe deine Augen und versuche zu erraten, woher die Geräusche kommen.«

1. Zuerst könnt ihr euch ein raschelndes Papier oder ein Klanginstrument wie z. B. eine Rassel greifen.
2. Das Kind setzt sich nun im Schneidersitz in die Mitte des Raumes und bekommt die Augen verbunden.
3. Das Elternteil bewegt sich, mit der Rassel, nun leise durch den Raum.
4. An einer beliebigen Stelle kann es nun stehen bleiben und einen kurzen Klang ertönen lassen.
5. Das Kind muss genau hinhören und kann jetzt in die Richtung zeigen, wo es das Geräusch vernommen hat.

MATERIALIEN

- Ggf. raschelndes Papier oder Klanginstrument wie Rassel

VERSPIELTE LIBELLE LILLI

»Die Libelle Lilli will mit uns spielen. Jetzt sitzt sie gerade auf meiner Nase – hihi, das kitzelt. Wo kitzelt sie dich?«

1. Für diese Übung legt sich das Kind am besten auf den Rücken. Es kann gemütlich die Augen schließen.
2. Der Erwachsene nimmt nun seinen Zeigefinger (Libelle Lilli) und tippt das Kind deutlich und kraftvoll an einer Stelle an, z. B. am Knie. Wenn ihr Lust habt, dann bastelt euch doch flink eine kleine Libelle – die Anleitung findet ihr auf der nächsten Seite.
3. Das Kind soll nun mit geschlossenen Augen die Stelle wiederfinden und antippen, die zuvor von dem Elternteil berührt wurde.
4. Und? Wie viele Stellen werden von Libelle Lilli angeflogen?

BASTELE MICH UND ICH BIN SCHNELL BEI DIR!

Schnelle Bastelanleitung: Libelle

1. Greif dir zuerst eine Wäscheklammer, einen Bleistift oder ein Holzstäbchen. Das ist unser Libellenkörper.
2. Schnappe dir jetzt den Pfeifenputzer und forme eine liegende Acht aus ihm. Schon haben wir unsere Flügel.
3. Wickel nun die Flügel um den Liebellenkörper – Libelle Lilli ist fast fertig.
4. Wenn du möchtest, dann klebe ihr noch flink zwei Wackelaugen auf und schon kann sie mit dir spielen.

MATERIALIEN

- Wäscheklammer
- Pfeifenputzer ggf. Kleber und Wackelaugen

BODYSCAN MIT LIBELLE LILLI

Lege dich so richtig gemütlich hin. Finde eine Position, in der dich nichts mehr stört und du für die nächsten Minuten entspannt liegen bleiben kannst. Hast du eine bequeme Lage gefunden? Nimm dir so viel Platz, wie du brauchst. Du kannst ruhig ganz viel Raum für dich einnehmen.

Wenn du magst, schließe jetzt sanft deine Augen. Dann können wir unseren Körper nämlich noch ein bisschen besser spüren. Dein Körper wird jetzt ganz schwer und immer schwerer. Lasse alle deine Muskeln weich werden – wie ein Wackelpudding. Jetzt bist du ganz entspannt und losgelöst. Deine Füße, deine Beine, dein Bauch und auch deine Arme, deine Schultern und dein Gesicht sind jetzt ganz locker.

Auf dieser Reise hast du auch eine Begleiterin: Die Libelle Lilli. Lilli hat ganz bunte, wunderschöne Flügel und einen Körper, der schillernd leuchtet. Sie flattert und fliegt umher und ist dabei ganz leicht in der Luft unterwegs. Lilli wird dir jetzt helfen, in deinen Körper hineinzuhören.

Lilli fliegt über deine Füße und Beine und setzt sich auf deinen linken Fuß. Nimm nun mal wahr, wie sich dein Fuß dabei anfühlt. Kannst du alle Zehen spüren? Bemerkst du vielleicht sogar deine Fußsohle? Jetzt fliegt die Libelle Lilli flink hinüber zum anderen Fuß. Dort setzt sie sich auf deinen kleinen Zeh. Kannst du deinen kleinen Zeh nun spüren? Kitzelt dich Lilli sogar ein bisschen?

Nun flattert Lilli schon weiter und setzt sich auf deinen Bauch. Ist es nicht lustig, wie sich dein Bauch beim Atmen auf- und abbewegt? Dadurch schaukelt Lilli ebenfalls ganz ruhig und regelmäßig auf und ab. Das scheint ihr sehr zu gefallen.

Lilli fliegt nun gemütlich über deinen Oberkörper bis zu deinen Schultern. Dabei berührt sie dich ganz sanft und leicht. Dein ganzer Oberkörper fühlt sich warm und schwer an. Lilli setzt sich erst auf deine linke Schulter und verweilt dort einen Moment. Kannst du sie dort spüren? Nun fliegt sie flink zur anderen Schulter hinüber. Dort ruht sie sich etwas aus. Sie ist vom vielen Fliegen ganz müde und auch entspannt. Ihre Flügel lässt sie jetzt gemütlich hängen. Dabei kitzeln sie dich sanft an der Schulter.

Doch so sanft, wie die Libelle Lilli gekommen ist, ist sie nun auch schon wieder weg. Sie flattert noch kurz einmal über deine Stirn und fliegt in aller Ruhe weiter.

Genieße noch für eine Weile die Entspannung. Gönne dir ein paar kräftige Atemzüge. Ganz langsam kannst du nun wieder in diesen Raum zurückkommen. Bewege deine Hände und deine Füße. Wackle mit deinen Armen und Beinen und strecke und recke dich. Mache das alles in deiner eigenen Geschwindigkeit.

Wenn du so weit bist, öffne langsam deine Augen. Du bist wieder voll im Hier und Jetzt angekommen

GLÜCKSPANTOMIME

»Wir dürfen jetzt raten, was Faultier Flori so richtig glücklich macht. Wollen wir ihm auch zeigen, was uns so richtig glücklich macht?«

1. Bei dem Spiel kann die ganze Familie mitmachen. Alle dürfen sich nun überlegen, was einen so richtig glücklich macht.
2. Der oder die erste Spieler:in stellt nun einen persönlichen »Glücksmoment« pantomimisch dar. Das heißt, das Wort oder der Moment, darf nur mit dem Körper dargestellt werden.
3. Alle anderen können den »Glücksmoment« nun erraten. Wer richtig rät, ist als Nächster an der Reihe.

MIT LEOLI
IN DEN WELTRAUM

PANDA PAULCHEN IST TRAURIG

Panda Paulchen ist traurig. Ja, so richtig traurig. Sein Bauch tut ihm weh und er hat einen großen Kloß im Hals. Sein Mund und sein Kinn beginnen zu zittern. Die Augen füllen sich langsam mit Tränen. Lasst uns mal nachfragen, was Panda Paulchen traurig macht!

»Ich bin traurig, weil ich meinen Weltraumanzug auf der Erde vergessen habe. Jetzt kann ich beim Weltraumausflug nicht mitmachen. Ganz alleine muss ich bei der Rakete auf die anderen warten. Ich fühle mich ausgeschlossen.«

Kennst du das Gefühl, das Panda Paulchen gerade erlebt? Was hat dich schon mal traurig gemacht?
Lass uns für Panda Paulchen da sein, indem wir mit ihm folgenden Spruch dreimal hintereinander aufsagen:

»ICH DARF TRAURIG SEIN.«

Wenn du dich das nächste Mal traurig fühlst, dann sag diesen Spruch dreimal hintereinander laut zu dir selbst. Eines sollst du immer wissen, jedes deiner Gefühle ist wichtig. Und du bist genau so richtig, wie du bist.

Paulchen hat Glück, denn Leoli hat natürlich noch einen Ersatzanzug in seiner Rakete.

Elterntrickkiste:

ERSTE HILFE BEI TRAURIGKEIT

Traurigkeit ist ein Gefühl, das man schnell wieder los sein möchte. Gebt aber auch diesem Gefühl genug Raum und Platz zum Ausleben. Hier findet ihr einige Tipps, wie ihr Kinder mit dem Gefühl der Traurigkeit liebevoll begleiten könnt.

Erklären, dass Traurigkeit normal ist

Traurigkeit ist ein unangenehmes Gefühl, aber eines, das alle kennen und spüren. Das Kind soll nicht denken, dass es mit diesem Gefühl alleine auf der Welt ist. Je mehr es versteht, dass das Gefühl alle betrifft und durch unterschiedliche Dinge ausgelöst wird, desto weniger wird es sich in traurigen Momenten alleine fühlen.

Traurigkeit des Kindes ernst nehmen

Die Dinge, über die Kinder manchmal traurig sind, scheinen Erwachsenen oft banal und unwichtig. Hier heißt es zuhören, ohne zu urteilen. Das Kind sollte in seiner Traurigkeit immer ernst und für wichtig genommen werden. Auch, wenn es sich z. B. »nur« um ein kaputtes Spielzeug handelt.

Erinnern, dass Traurigkeit vorbeigeht

Wir wissen, dass »angenehme« Gefühle wie z. B. Glück schnell wieder vorbeigehen. Traurigkeit kann sich anfühlen, als würde sie nie enden. Aber, wie es alle Emotionen tun, wird auch die Traurigkeit vorbeigehen. Erinnere das Kind daran, dass Traurigkeit nicht ewig andauert.

GEFÜHLSMONSTER MALEN

»Schau dir diese bunten Monster an. Sie wechseln ihre Farbe, je nachdem, wie sie sich gerade fühlen. Lasst uns herausfinden, welche Farbe für welches Gefühl steht.«

1. Breitet zuerst einige Buntstifte vor euch aus und schaut euch die Farben ganz intensiv an.
2. Überlegt nun gemeinsam mit einem Elternteil, welche Farbe für welches Gefühl stehen könnte. Hierbei gibt es kein Richtig und kein Falsch! Gefühle könnten z. B. sein: Freude, Trauer, Angst, Wut, Ekel, Überraschung.
3. Schnappt euch nun ein Blatt Papier und kritzelt ein paar schöne Gefühlsmonster in der jeweiligen Farbe auf und gestaltet so ein schönes Bild.

INFO FÜR DIE ELTERN

Falls ihr das Gefühl habt, euer Kind ist gerade besonders mit einem Gefühl, z. B. Trauer, beschäftigt, dann schaut euch das Monster ruhig noch genauer an. Wie sehen z. B. seine Haare aus oder was isst es gern?

MATERIALIEN

- Buntstifte
- Blatt Papier zum Malen

WELTRAUM-BEWEGUNGEN

»Hier im Weltraum können wir uns nicht so bewegen, wie auf der Erde. Alles geschieht hier langsamer. Probiere es selbst aus.«

1. Suche dir eine Aktivität aus dem Alltag aus, die du heute im Weltraum ausprobieren willst. Wie wäre es z. B. mit Anziehen?
2. Beame dich spielerisch in den Weltraum und versuche das komplette Anziehen in Zeitlupe auszuführen.
3. Das ist gar nicht mal so einfach, oder? Probiere es danach ruhig noch mit einer weiteren Aktivität aus. Vielleicht könnt ihr auch gemeinsam etwas finden, zum Beispiel eine Zeitlupen-Kissenschlacht?

BUNTE PLANETENREISE

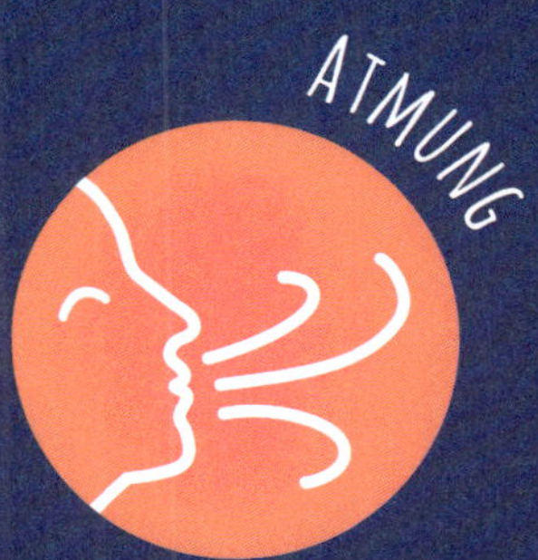

»Kommt schnell zu uns herüber und reiht euch ein. In wenigen Sekunden beginnt unsere bunte Planetenreise.«

1. Für diese Übung braucht ihr eine Spielfigur und ein paar bunte Gegenstände wie z. B. einen roten Legostein, eine blaue Murmel, einen gelben Stift usw.
2. Legt all diese Gegenstände wild durcheinander auf einen Tisch. Die Abstände zueinander sollten aber ähnlich sein.
3. Das Elternteil hält die Spielfigur in der Hand. Diese steht symbolisch für das Kind.
4. Die Reise kann nun beginnen: Das Kind versucht nun tief und langsam einzuatmen. Während es einatmet, wandert die Spielfigur zum ersten bunten Planeten. Während des Ausatmens hat die Spielfigur eine Pause.
5. Atmet euch so von Planet zu Planet.

MATERIALIEN

- Spielfigur
- Gegenstände in unterschiedlichen Farben

ASTONAUTEN-KOMMANDO

»Echte Astronautinnen und Astronauten sollten sich auch ›blind‹ verstehen. Dafür musst du gut fühlen können. Lass uns das üben.«

1. Das Kind kann zunächst den Rücken so frei machen, dass es Berührungen gut erspüren kann.
2. Das Elternteil kann jetzt mit dem Zeigefinger vorsichtig etwas auf den Rücken des Kindes malen z. B. eine Sonne oder einen Stern.
3. Schafft es das Kind, das richtige Wort zu erraten? Danach können die Rollen getauscht werden.

WELTRAUM-EXPEDITION

»Dieser Planet hier ist wirklich spektakulär. Lass uns die Zeit nehmen und ihn uns in Ruhe anschauen.«

1. Gehe als Erstes in einen Raum, den du besonders gut kennst, z. B. ins Wohnzimmer oder in dein Kinderzimmer.
2. Nimm nun den Handspiegel in die Hand und positioniere ihn so, dass du an die Zimmerdecke gucken kannst. Also halte den Spiegel in etwa auf Bauchhöhe, aber nach oben gerichtet.
3. Schau dir mithilfe des Spiegels die Zimmerdecke mal in Ruhe an. Traust du dich jetzt, ein paar Schritte zu laufen? Obwohl du den Raum gut kennst, wirst du ihn von einer ganz neuen Seite kennenlernen. Wie lustig es ist, wenn man über eine Lampe steigen muss!

INFO FÜR DIE ELTERN

Bei dieser Übung ist Vorsicht geboten, da das Kind stolpern könnte. Seid also als Eltern die ganze Zeit dabei und entfernt mögliche Stolperstellen.

MATERIALIEN

- Kleiner Handspiegel

WELTRAUM-SPAZIERGANG

Lege dich so richtig gemütlich hin. Finde eine Position, in der dich nichts mehr stört und du für die nächsten Minuten entspannt liegen bleiben kannst. Hast du eine bequeme Lage gefunden? Nimm dir so viel Platz, wie du brauchst. Du kannst ruhig ganz viel Raum für dich einnehmen.

Wenn du magst, schließe jetzt sanft deine Augen. Atme tief durch die Nase ein und durch den Mund ganz langsam wieder aus. Mache das ruhig ein paarmal hintereinander. Und ein letztes Mal: tief durch die Nase einatmen und durch den Mund wieder ausatmen. Komme jetzt zu deinem ganz eigenen Atemfluss zurück.

Versuche in den nächsten Minuten, dich nur auf meine Stimme zu konzentrieren. Ich lade dich zu einem spannenden Weltraumspaziergang ein. Folge hierfür einfach meiner Stimme. Du kannst jetzt loslassen und dich treiben lassen.

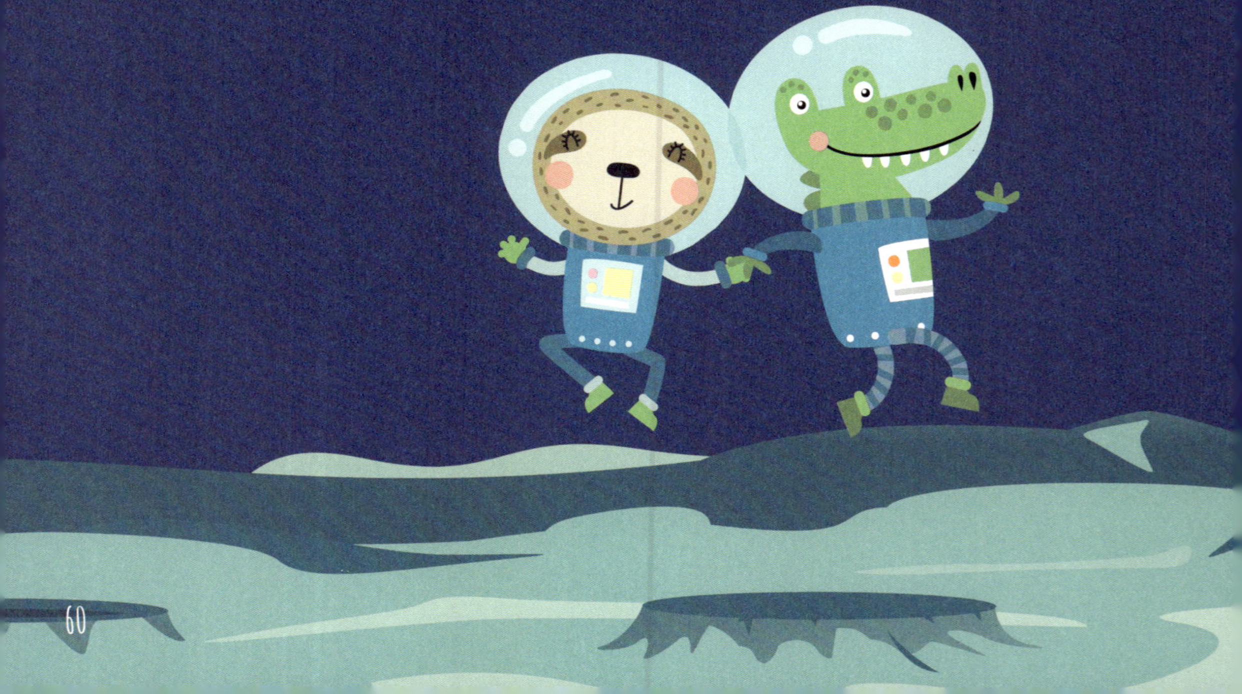

Wir starten mit unserer gemeinsamen Reise durch das All. Keine Angst, niemand kann hier verloren gehen. Lass uns nun zusammen behutsam aus unserem Raumschiff in das Weltall hineingleiten.

Ganz langsam und gleichmäßig schwebst du durch das Weltall. Dabei fühlst du dich federleicht und schwerelos. Du bist ganz locker und entspannt. Jede Bewegung ist angenehm langsam und ruhig. Nimm dir die Zeit und schwebe ganz in Ruhe ein bisschen vor dich hin.

Hast du die Dunkelheit um dich herum bemerkt? Trotzdem kannst du gut sehen. Je weiter du dich ins All begibst, desto mehr verändern sich auch die Farben des Himmels. Aus der Dunkelheit wird ein kräftiges Blau. Das Blau wandelt sich in ein feuriges Rot. Kurz darauf strahlt der Himmel in einem Sonnengelb. Das Weltall leuchtet nun in allen Farben des Regenbogens.

Du schwebst ganz langsam immer weiter durch das Weltall. Schau mal, wie viele Sterne um dich herum funkeln. Gleite jetzt ganz nah an einen Stern heran. Den kleinen Stern kannst du ruhig anfassen. Vielleicht möchtest du ihn sogar in die Hand nehmen? Spüre achtsam, wie er sich anfühlt. Ist er warm und weich oder vielleicht spitz und hart? Vielleicht fühlt er sich auch ganz anders an. Lasse den Stern nun wieder fliegen.

Jetzt siehst du einige große und runde Planeten an dir vorbeifliegen. Suche dir einen Planeten aus, der dir besonders gut gefällt. Mit einem großen Satz kannst du auf ihn draufhüpfen. Wie fühlt sich der Boden des Planeten an? Hast du einen sicheren Stand oder stehst du wackelig wie auf Wackelpudding?

Genieße noch für eine Weile den Weltraumspaziergang. Sieh dich achtsam um und versuche, innerlich ein Bild davon abzuspeichern. Tu dafür einfach so, als würdest du in deinem Kopf ein Foto machen. Das Bild kannst du dann immer anschauen, wenn du das möchtest. Es schenkt dir Ruhe und Gelassenheit.

Gönne dir ein paar kräftige Atemzüge. Ganz langsam kannst du nun wieder in diesen Raum zurückkommen. Bewege deine Hände und deine Füße. Wackle mit deinen Armen und Beinen und strecke und recke dich. Mache das alles in deiner eigenen Geschwindigkeit.

Wenn du so weit bist, öffne langsam deine Augen. Du bist wieder voll im Hier und Jetzt angekommen.

STERNE GUCKEN

» Die Sterne hier im Weltraum blinken und glitzern besonders schön. Hast du einen Stern entdeckt, der dir besonders gut gefällt? Zeig ihn mir.«

1. Locht zunächst das Tonpapier mehrfach mit dem Locher. Knickt es dazu auch um. So könnt ihr auch Löcher in die Mitte des Papiers machen.
2. Nun geht in einen dunklen Raum und nehmt eure Schablone und die Taschenlampe mit.
3. Haltet nun eure Taschenlampe hinter das Papier und richtet den Lichtkegel an die Wand oder an die Decke.
4. Seht ihr die Sterne im Zimmer funkeln?

MATERIALIEN

- Tonpapier
- Locher
- Taschenlampe

Abend- und Einschlafrituale

Die Übung »Sterne gucken« könnt ihr als Abend- oder Einschlafritual in euren Alltag integrieren. Kinder ins Bett bringen kann sich oft wie ein Kampf anfühlen. Eine feste Routine und ein schönes Abendritual können das Schlafengehen für alle entspannter machen. Einschlafrituale sind nichts anderes als immer wiederkehrende Routinen, die sanft auf den Nachtschlaf vorbereiten. Vorteile von Abend- und Einschlafritualen können sein:

- Viele Kinder lieben Rituale, d. h., sie machen gerne mit und haben Freude daran.
- Vertraute Abläufe geben Orientierung.
- Rituale reduzieren Ängste, indem sie Sicherheit geben.
- Einschlafrituale machen die Kinder müde.

ASTRONAUTEN-ATMUNG

»Mit der Astronauten-Atmung fällt es uns ganz leicht, im Weltraum zu atmen. Strecke hierfür deinen Arm aus und mache mit!«

1. Die Astronauten-Atmung ist wirklich ganz leicht und macht jede Menge Spaß. Strecke hierfür deinen rechten Arm aus und spreize die rechte Hand vor dir.
2. Der Zeigefinger der anderen Hand berührt den Daumen unten an der Außenseite.
3. Jetzt atme tief ein und streiche dabei mit dem Finger deinen Daumen nach oben – bis zur Fingerspitze. Auf dem Weg nach unten atmest du tief aus.
4. So machst du das mit all deinen Fingern, bis du beim kleinen Finger angekommen bist.

MIT LEOLI UNTER WASSER

QUALLE OSKAR IST ÜBERRASCHT

Qualle Oskar ist überrascht. Er ist kurz zusammengezuckt und hat dabei einen lustigen Ton von sich gelassen. Seine Augen sind ganz weit geöffet und er wirkt wie eingefroren. Lasst uns mal nachfragen, was ihn so überrascht hat!

»Ich bin so überrascht, weil ich mit eurem Besuch nicht gerechnet habe. Wesen wie euch habe ich hier unter Wasser noch nie gesehen. Die Begegnung war daher sehr unerwartet und hat mich kurz überrascht.«

Kennst du das Gefühl, das Qualle Oskar gerade erlebt? Wann warst du das letzte Mal überrascht? Was hat dich überrascht? Lass uns für Qualle Oskar da sein, indem wir mit ihm folgenden Spruch dreimal hintereinander aufsagen:

»ICH VERTRAUE MIR SELBST UND KANN AUCH MIT ÜBERRASCHUNGEN GUT UMGEHEN!«

Wenn du dich das nächste Mal von einer Situation überrascht fühlst, dann sag diesen Spruch dreimal hintereinander laut zu dir selbst. Eines sollst du immer wissen, jedes deiner Gefühle ist wichtig. Und du bist genau so richtig, wie du bist.

Elterntrickkiste:

AFFIRMATIONEN FÜR KINDER

Worte schaffen Wirklichkeit. Sie prägen das Denken, und wenn man sie oft genug wiederholt, dann werden sie zu Glaubenssätzen. Glaubenssätze und Affirmationen können auch gezielt benutzt werden, um das Selbstbewusstsein und den Selbstwert des Kindes zu steigern. Hier findet ihr einige Beispiele:

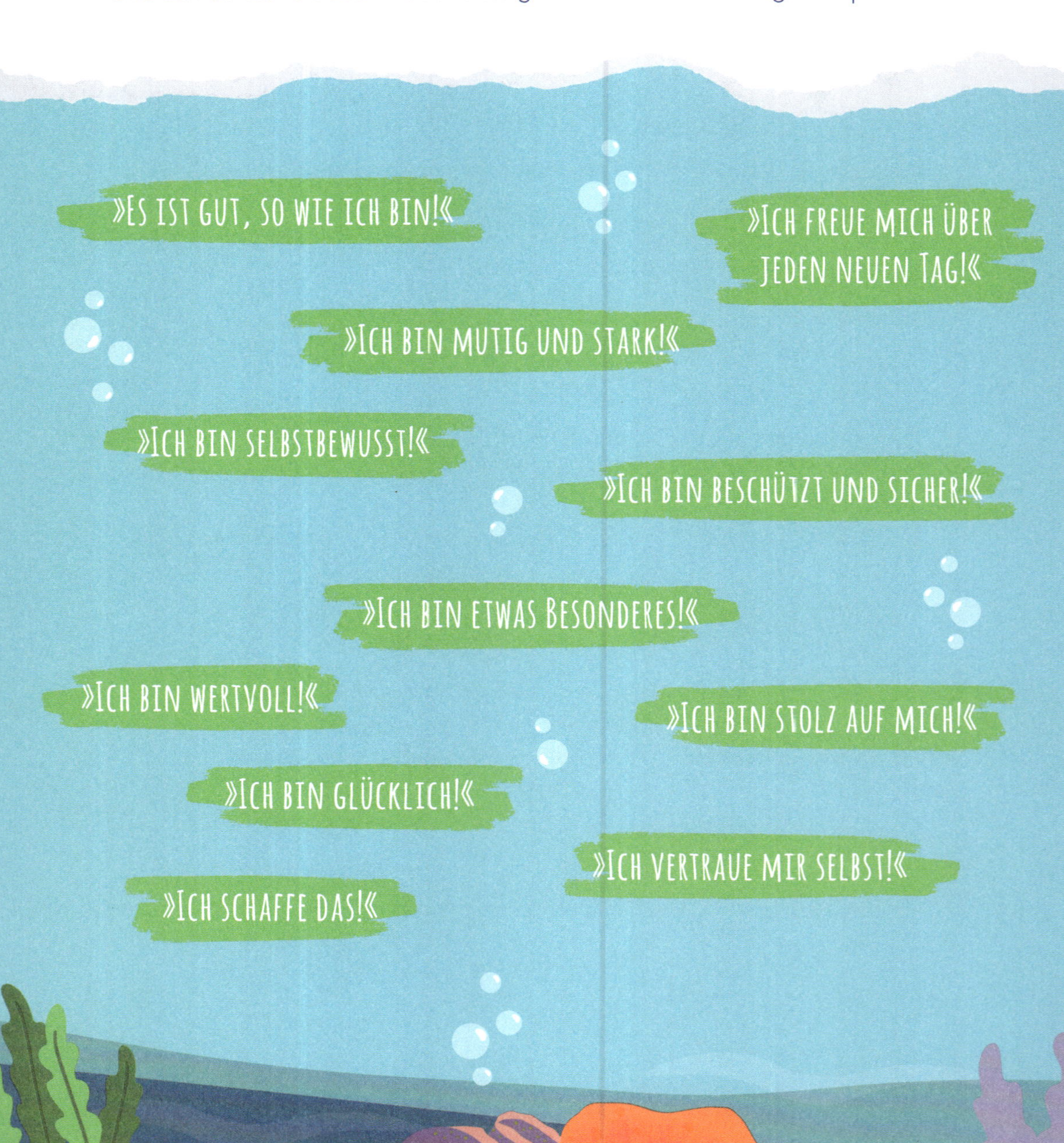

ACHTUNG, FERTIG: BLUBBERN

»Wir können jetzt direkt in die Unterwasserwelt abtauchen. Um besonderes tief zu kommen, müssen wir kräftig ausatmen. Siehst du die lustigen Blubberblasen?«

1. Schnappe dir eine große Schüssel und befülle diese mit Wasser und etwas Spülmittel.
2. Nimm nun den Trinkhalm und puste kräftig durch ihn durch, wenn du das nächste Mal ausatmest.
3. Lass ganz viele lustige Blubberblasen entstehen. Teste aus, wie die Blasen besonders groß oder besonders viele werden. Was hast du verändert?

INFO FÜR DIE ELTERN

Achtung: Passt bitte darauf auf, dass das Wasser nicht eingeatmet wird – nur pusten!

MATERIALIEN

- Schüssel
- Wasser
- Spüli
- Trinkhalm

BUNTE UNTERWASSERWELT

» Die Unterwasserwelt ist wunderschön und herrlich bunt. Suche dir deine Lieblingsfarbe aus und achte mal nur darauf, wo du sie überall entdeckst!«

1. Überlege dir zuerst deine Lieblingsfarbe.
2. Gehe jetzt entweder mit einem Elternteil raus oder in ein anderes Zimmer.
3. Nimm dir ca. drei Minuten Zeit und schau dich in Ruhe um. Wo und in welchen Gegenständen siehst du überall deine Lieblingsfarbe?
4. Erzähle nun, wo du deine Farbe überall entdeckt hast.

INFO FÜR DIE ELTERN

In dieser Übung geht es darum, seine Umgebung besser und wacher wahrzunehmen. Alternativ könnt ihr auch nach bestimmten Formen oder Oberflächen Ausschau halten.

TIEFSEESAND

»Fühl mal – hier ganz unten am Meeresgrund ist der Tiefseesand besonders weich. Ich möchte gar nicht mehr aufhören, ihn zu kneten.«

1. Sucht euch für den weichen Tiefseesand zunächst alle Zutaten raus. Am besten stellt ihr den Sand in der Küche her.
2. Gebt Mehl in die Schüssel und kippt dann nach und nach das Öl hinzu. Übrigens: Für noch feineren Sand könnt ihr das Mehl zuvor sieben.
3. Mischt jetzt noch etwas Lebensmittelfarbe in die Masse und verknetet alles gut. Wenn der Sand noch zu bröselig ist, gebt etwas mehr Öl hinzu.
4. Sobald ihr die Konsistenz habt, die euch gefällt, knetet einfach drauflos.
5. Vielleicht nehmt ihr zum Kneten eine Unterlage, oder ihr genießt das weiche Gefühl in der Schüssel.

MATERIALIEN

- 1 kg Mehl
- 130 ml Rapsöl
- Lebensmittelfarbe
- Große Schüssel

ATMUNG

TANZENDE QUALLEN

»Wir sind inmitten eines Quallenschwarms. Quallen sehen beim Schwimmen so aus, als würden sie tanzen. Lass uns eine Weile mit ihnen mitschwimmen!«

1. Schneide dir mit der Schere ein großes Loch in den Becherboden.
2. Gestalte dir aus dem Becher eine lustige Qualle, indem du sie anmalst und Augen aufklebst.
3. Schneide nun Streifen aus Krepppapier aus und klebe diese an den inneren Rand des Bechers.
4. Halte dir deine fertige Qualle nun so vor deinen Mund, dass du gut durch das Loch am Becherboden pusten kannst.
5. Atme durch die Nase ein und puste beim Ausatmen all die Luft in deine Qualle, sodass die Tentakel tanzen.

MATERIALIEN

- Pappbecher
- Schere und Kleber
- Krepppapier

LAUSCHE DER NUSCHELMUSCHEL

»Siehst du dahinten unsere Freundin die Nuschelmuschel? Lass uns zu ihr gehen und lauschen, ob sie uns eine Geschichte erzählt.«

1. Nimm dir eine große Muschel und halte sie ganz dicht an dein Ohr.
2. Alles um dich herum sollte ganz leise sein, damit du ihr zartes Rauschen wahrnehmen kannst.
3. Lausche einfach einem Moment der Nuschelmuschel, vielleicht erzählt sie dir ja einen kleinen Witz oder eine kurze Geschichte?

Info für die Eltern

Bei dieser Übung geht es zwar primär ums genaue Hinhören, aber auch die Fantasie der Kinder wird stark angeregt. Sie können sich nach Herzenslust wilde Geschichten ausdenken, die ihnen die Nuschelmuschel erzählt. Gebt den Kindern hierfür Raum und fragt nach, z. B.: »Hat die Nuschelmuschel dir ein Geheimnis erzählt?«

MATERIALIEN

- Muschel

REISE IN DIE UNTERWASSERWELT

Begib dich in eine bequeme und sitzende Position. Setze dich z. B. gemütlich in einen Schneidersitz oder auf einen Stuhl. Stütze deine Ellbogen auf deinen Knien ab und lasse deinen Kopf entspannt hängen. So, dass dich nichts mehr stört und du für die nächste Zeit sitzen bleiben kannst. Nimm dir ruhig etwas Zeit, bis du die richtige Position für dich gefunden hast.

Wenn du magst, schließe jetzt sanft deine Augen. Atme tief durch die Nase ein und durch den Mund ganz langsam wieder aus. Mache das ruhig ein paarmal hintereinander. Und ein letztes Mal: tief durch die Nase einatmen und durch den Mund wieder ausatmen. Komme jetzt zu deinem ganz eigenen Atemfluss zurück.

Lasse dich nun von meiner Stimme durch eine gemütliche Entspannungsreise führen. Stelle dir vor, du sitzt in einem kleinen Unterwasserboot. Das Boot ist aus Glas, sodass du die Unterwasserwelt in alle Richtungen anschauen kannst. Du sitzt vollkommen ruhig und entspannt in deinem Boot. Du fühlst dich sicher und geborgen. Ganz in Ruhe siehst du dabei zu, wie das Boot gleichmäßig immer tiefer und tiefer abtaucht.

Jetzt entdeckst du auch schon die ersten Lebewesen in der Unterwasserwelt. Ein bunter Fischschwarm umkreist dein Boot. Die Fische schwimmen ganz dicht beieinander, kreuz und quer. Nach links und nach rechts. Zusammen ergeben sie ein herrlich buntes, quirliges Bild.

In der Ferne siehst du jetzt eine große Wasserschildkröte. Sie bewegt sich ganz ruhig und langsam vorwärts. Du schaust ihr eine Weile beim Schwimmen zu. Wie schwerelos gleitet sie durchs Wasser. Ihre Bewegungen sind gleichmäßig und dennoch kraftvoll. Wenn du das siehst, entspannst du dich immer mehr und mehr.

Doch es gibt noch mehr zu sehen. Auf dem Grund des Meeres siehst du nun viele unterschiedliche Muscheln liegen. eine Muschel sieht aber ganz anders aus als die anderen. Sie glänzt und funkelt wie ein Edelstein. Und in der Mitte dieser Muschel leuchtet eine runde Perle. Sie ist so wunderschön, dass du deinen Blick kaum von ihr abwenden kannst.

Genieße noch für eine Weile die Reise in deinem Unterwasserboot. Sieh dich noch ein wenig in dieser fremden Welt um. Es wird Zeit, wieder aufzutauchen. Gönne dir ein paar kräftige Atemzüge. Ganz langsam kannst du nun wieder in diesen Raum zurückkommen. Bewege deine Hände und deine Füße. Wackle mit deinen Armen und Beinen und strecke und recke dich. Mache das alles in deiner eigenen Geschwindigkeit.

Wenn du so weit bist, öffne langsam deine Augen. Du bist wieder voll im Hier und Jetzt angekommen.

SCHÄTZE TASTEN

»Hierher – kommt mal schnell rüber! Ich habe ein paar tolle Unterwasserschätze gefunden. Wollt ihr mal fühlen?«

1. Sucht euch zuerst ein paar Spielzeuge heraus. Diese sind jetzt die Unterwasserschätze. Ihr findet bestimmt einige schöne Schätze im Kinderzimmer.
2. Versteckt die Schätze nun in einem Kissenbezug.
3. Das Kind bekommt sanft die Augen verbunden und darf in den Sack hineingreifen und den ersten Schatz herausholen.
4. Jetzt hat es die Aufgabe, den Schatz zu ertasten. Wenn es richtig rät, geht es mit einem zweiten Schatz weiter.

MATERIALIEN

- Kleinere Spielzeuge
- Kissenbezug
- Augenbinde

SAUERSTOFF-DUSCHE

»Blubb, blubb, blubb. Und schon sind wir wieder an der Wasseroberfläche. Spüre mal, wie gut es tut, ein paar kräftige Atemzüge frische Luft zu tanken.«

1. Stelle dich für diese Übung an ein geöffnetes Fenster.
2. Strecke bewusst dein Gesicht in Richtung der (kalten) Luft und atme kräftig und bewusst fünf Atemzüge durch die Nase ein und durch den Mund wieder aus.
3. Wenn du magst, kannst du dabei deine Augen schließen. Genieße es, wie dein ganzer Körper mit Sauerstoff geflutet wird.

Info für die Eltern

Unsere Atemluft sorgt nach einiger Zeit dazu, dass die Luft im Kinderzimmer »verbraucht« ist. Die Luft enthält aber nicht weniger Sauerstoff, sondern das Kohlendioxid steigt, also das Gas, das wir ausatmen. Das macht schnell müde und unkonzentriert. Hierfür gibt es eine Lösung: Fenster auf, Kohlendioxid raus, frische Luft rein.

SAND ABKLOPFEN

»Kennst du das? Nach einem langen Strandtag klebt ganz viel Sand am Körper! Komm, wir klopfen ihn uns flink ab.«

1. Für diese Übung kannst du erst einmal aufstehen und einen festen und stabilen Stand einnehmen.
2. Stelle dir jetzt vor, weicher Puderzuckersand würde an deinem Körper kleben.
3. Klopfe und streiche vorsichtig erst mit der rechten Hand die komplette linke Körperhälfte ab. Beginne bei deinen Armen und arbeite dich langsam nach unten vor.
4. Wiederhole das Ganze dann mit der linken Hand und der rechten Körperhälfte. Vergiss nicht, den Sand auch hinter den Ohren und an den Fußzehen zu entfernen.

MIT LEOLI IM WALD

VIELE DER ÜBUNGEN KÖNNT IHR DRAUSSEN MACHEN!

SPINNE VERA VEGGI EKELT SICH

Spinne Vera Veggi ekelt sich. Sie schüttelt dabei ihren ganzen Körper und zieht eine Grimasse. Dabei streckt sie ihre Zunge raus und kneift immer wieder ihre Augen fest zusammen. Lasst uns mal nachfragen, was sie so ekelig findet!

»Ich bin so angeekelt, weil ich gerade eine Insekt essen sollte. Igittigitt – ich bin eine vegetarische Spinne und esse kein Fleisch. Allein bei der Vorstellung schüttelt es mich.«

Kennst du das Gefühl, das Spinne Vera Veggi gerade erlebt? Wann hast du dich das letzte Mal vor etwas geekelt?
Lass uns für Spinne Vera Veggi da sein, indem wir mit ihr folgenden Spruch dreimal hintereinander aufsagen:

**»ICH STEHE FÜR DIE DINGE EIN,
DIE ICH MAG UND DIE ICH NICHT MAG.«**

Wenn du dich das nächste Mal vor etwas ekelst, dann sag diesen Spruch dreimal hintereinander laut zu dir selbst. Eines sollst du immer wissen, jedes deiner Gefühle ist wichtig. Und du bist genau so richtig, wie du bist.

Elterntrickkiste:

Gefühle-ABC

Kinder durchleben täglich viele unterschiedliche Gefühle. Selbst Erwachsenen fällt es oft schwer, Gefühle richtig zu benennen. Das Gefühle-ABC kann dabei helfen, das richtige Wort zu finden, wenn es einem gerade nicht einfällt.

PLITSCH-PLATSCH

»Hier im Wald fließt ein wunderschöner klarer Bach. Kannst du dir vorstellen, wann dieser ›Plitsch-Platsch‹ macht?«

1. Du kannst den Bach (alternativ auch gerne einen Fluss oder See) sprechen lassen, indem du Naturmaterialien wie Steine, kleine Stöcke etc. in ihn hineinwirfst.
2. Geh also zunächst auf die Suche nach kleinen Stöcken, Steinen, Gräsern etc. Vielleicht findet du auch einen Tannenzapfen?
3. Stelle dich nun mit einem Erwachsenen an den Rand des Ufers und werft gemeinsam die unterschiedlichen Naturmaterialien in das Gewässer.
4. Achtet genau darauf, wie es nun klingt, wenn das Material in das Wasser plumpst. Macht es Plitsch-Platsch? Versucht ruhig, das Geräusch mal nachzumachen.

Info für die Eltern

Achtung: Das Kind sollte die Übung niemals unbeaufsichtigt durchführen! Bitte beachtet zudem, dass ihr achtsam mit der Natur umgeht.

MATERIALIEN

- Naturmaterialien wie z. B.: Stöcke, Steine, Gräser, Tannenzapfen

SPINNE OHNE BEINE

»Veras Spinnenfreundin braucht unsere Hilfe. Sie hat nämliche zu kurze Spinnenbeinchen. Lasst uns ihre Beine ein bisschen länger machen.«

1. Male dir einen Spinnenkörper in die Mitte eines A4-Papiers.
2. Setze nun einen Buntstift an den Spinnenkörper und beginne mit einer aktiven und bewussten Atmung (du atmest tief durch die Nase ein und durch den Mund wieder aus).
3. Beim nächsten Ausatmen kannst du deinen Stift langsam nach unten bewegen und dabei ein erstes Spinnenbein malen. Das Bein ist nur so lang, wie deine Ausatmung ist.
4. Das wiederholst du nun ganze achtmal (Ausatmen = Bein malen), bis deine Spinne acht Beinchen hat.

MATERIALIEN

- A4-Papier
- Buntstifte

WALDDETEKTIV

»Wir sind heute Walddetektive und haben die Aufgabe herauszufinden, welche Waldgegenstände verloren sind.«

1. Geht für diese Übung gemeinsam in einen Wald oder Garten und sammelt zehn unterschiedliche Naturmaterialien.
2. Legt die Materialien nun in einen leeren Eierkarton, sodass jedes Material in einer Wölbung liegt.
3. Prägt euch die Materialien und deren Reihenfolge im Karton genau ein.
4. Das Elternteil kann nun »heimlich« einen Gegenstand aus dem Karton entfernen.
5. Kann das Kind benennen, welcher Gegenstand entwendet wurde?

MATERIALIEN

- Eierkarton
- Naturmaterialien wie z. B.: Kastanien, Gräser, Rinde

LAND ART

»Igel Ines möchte mit uns ›Kunst in der Natur‹ machen. Dafür brauchen wir nicht mal Malsachen und Papier. Kannst du das glauben?«

1. Begebt euch gemeinsam nach draußen in die Natur und sammelt Naturmaterialien wie z. B. Blätter, Blüten, Steine und Hölzer.
2. Sammelt alle Gegenstände in einem Säckchen und sucht euch dann einen ruhigen Ort. Leert das Säckchen aus und bestaunt eure Ausbeute.
3. Nun könnt ihr aus den Naturmaterialien ein Mandala legen. Ein Mandala ist ein schönes Muster, dessen Mitte immer rund ist.
4. Sucht nacheinander Materialien aus und arrangiert so ein tolles Naturkunstwerk. Wenn ihr Lust habt, könnt ihr dazu klassische Musik hören.

MATERIALIEN

- Naturmaterialien wie z. B.: Blätter, Blüten, kleine Steine
- Säckchen zum Sammeln

Wirkung von Mandalas im Alltag

Viele Kinder lieben das Ausmalen und Gestalten von Mandalas. Sie bekommen durch diese fast meditative Arbeit ein Gefühl für Formen und Farben und außerdem wird ihre Kreativität stark angeregt. Beim Malen und Gestalten kommt es nicht selten zu einer gleichzeitigen tiefen Entspannungsphase.

Übrigens: Mandalas gestalten fördert nachweislich die Konzentrationsfähigkeit. Besonders für Kinder mit speziellen Bedürfnissen (z. B. Hyperaktivität) ist es daher eine sinnvolle und bewährte Methode, zur Ruhe zu finden und sich konzentriert mit einer Aufgabe zu beschäftigen.

Impulsfragen nach dem Malen/Gestalten eines Mandalas können sein:

- Wie wirkt das Mandala auf dich?
- Wie hast du dich beim Malen/Legen des Mandalas gefühlt?
- Wenn du das Kunstwerk betrachtest, wie fühlst du dich? Was fällt dir spontan dazu ein?

BUNTE WALDWIESE

Lege dich so richtig gemütlich hin. Finde eine Position, in der dich nichts mehr stört und du für die nächsten Minuten entspannt liegen bleiben kannst. Hast du eine bequeme Lage gefunden? Nimm dir so viel Platz, wie du brauchst. Du kannst ruhig ganz viel Raum für dich einnehmen.

Wenn du magst, schließe jetzt sanft deine Augen. Atme tief durch die Nase ein und durch den Mund ganz langsam wieder aus. Mache das ruhig ein paarmal hintereinander. Und ein letztes Mal: tief durch die Nase einatmen und durch den Mund wieder ausatmen. Komme jetzt zu deinem ganz eigenen Atemfluss zurück.

Versuche in den nächsten Minuten, dich nur auf meine Stimme zu konzentrieren. Tue einfach das, was ich dir gleich vorlese.
Stell dir vor, du liegst auf einer bunten Waldwiese. Hier ist es angenehm warm, die Sonne scheint und du hörst die Vögel zwitschern.

Spüre einmal das Gras unter deinen Füßen. Es fühlt sich warm und weich an. Du kannst deine Füße dafür aufstellen, damit du das Gras ganz intensiv fühlen kannst. Drücke nun deine Zehen in das Gras. Ziehe deine Zehen dafür ganz fest zusammen. So, als wenn du mit den Zehen etwas davon herausreißen möchtest. Halte diese Position noch einen Moment. Spüre einmal, wie sich das anfühlt. Nun lass das Gras wieder los. Deine Zehen werden jetzt wieder ganz locker. Achte mal darauf, wie sich das jetzt anfühlt.

Spüre einmal, wie dein ganzer Körper im warmen, weichen Gras liegt. Achte darauf, wie sich deine Arme, deine Hände und deine Finger anfühlen. Sind sie wohlig gebettet und angenehm entspannt? Fasse nun mit deinen beiden Händen ganz fest in das Gras hinein. Fühle, wie deine Finger das Gras packen. So, als wenn du mit den Händen etwas davon herausreißen möchtest. Halte diese Position noch einen Moment. Spüre einmal, wie sich das anfühlt. Nun lasse das Gras wieder los. Deine Hände und deine Finger werden jetzt wieder ganz locker. Achte mal darauf, wie sich das jetzt anfühlt.

Genieße noch für eine Weile die Ruhe und Entspannung auf der Waldwiese. Vielleicht hörst du ein paar Vögel zwitschern oder den Wind in den Bäumen rauschen. Gönne dir ein paar kräftige Atemzüge.
Ganz langsam kannst du nun wieder in diesen Raum zurückkommen. Bewege deine Hände und deine Füße. Wackle mit deinen Armen und Beinen und strecke und recke dich.
Mache das alles in deiner eigenen Geschwindigkeit.

Wenn du so weit bist, öffne langsam deine Augen.
Du bist wieder voll im Hier und Jetzt angekommen.

GERUCHSMEMORY

»Ich finde ja, im Wald duftet es herrlich. Überall riecht es ein bisschen anders. Da ist es gar nicht so einfach, die vielen Gerüche auseinanderzuhalten.«

1. Geht nach draußen in die Natur und sucht euch diesmal Materialien aus, die einen besonderen Duft verbreiten. Das können z. B. sein: Blumen, Rinde oder auch Gräser. Ihr braucht die Materialien immer im Doppelpack.
2. Wenn ihr wieder zu Hause seid, könnt ihr jeden Findling in eine Schachtel oder in eine Brotzeittüte legen.
3. Stellt die Schachteln oder Tüten nun vor euch auf den Tisch und beginnt mit ihnen Memory zu spielen – in dieser Version allerdings nur mit den Gerüchen.
4. Schnuppert also an der ersten Tüte und versucht das passende Gegenstück zu finden.
5. Sucht euch aus, ob ihr euch beim Spielen abwechselt oder ob ihr gemeinsam das richtige Gegenstück findet. Ihr könnt euch ganz eigene Regeln ausdenken.

MATERIALIEN

- Naturmaterialien wie z. B.: Rinde, Gräser, Blumen
- Brotzeittüten oder kleine Schachteln

GRINSEBÄR

»Dahinten ist Grinsebär Johannes. Wenn man bei ihm ist, muss man direkt mitgrinsen. Geht es dir auch so?«

Diese Übung fühlt sich vielleicht ein bisschen komisch an, aber sie hat einen großen Effekt.

1. Setze oder stelle dich gemütlich, aber aufrecht hin. Wähle eine Position, die du locker eine Minute halten kannst.
2. Jetzt fange an zu grinsen! Auch, wenn dir vielleicht gerade gar nicht zum Lachen zumute ist.
3. Halte das Grinsen für eine ganze Minute. Nach der Minute wirst du merken, dass du gar nicht mehr mit dem Grinsen aufhören kannst, versprochen!

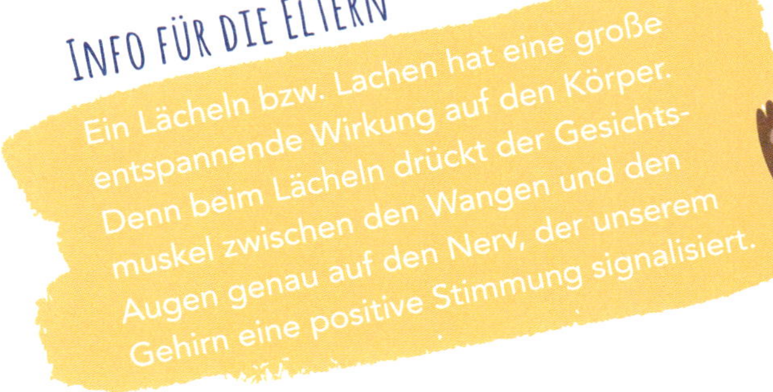

STEINTURM

» Die Waldtiere haben eine spezielle Methode, um zu entspannen und die Seele baumeln zu lassen. Möchtest du es auch mal ausprobieren?«

1. Sammele mit einem Elternteil Steine in unterschiedlichen Größen und legt diese in einen Korb. Vielleicht habt ihr ja auch schon einige Steine zu Hause?
2. Breitet euch eine Unterlage auf einem Tisch aus, bevor ihr mit der Übung beginnt.
3. Beginnt nun Steintürme zu bauen, indem ihr nacheinander die Steine übereinanderlegt. Evtl. zeigt das Elternteil dem Kind beim ersten Mal, wie es die Steine aufeinandersetzen kann.

MATERIALIEN

- Steine in unterschiedlichen Größen

HANDSCHMEICHLER

»Das Eichhörnchen Walter hat einen ganz besonderen Stein für dich. Er ist nämlich ganz glatt und es ist sehr entspannend, ihn in den Händen zu halten.«

1. Suche dir draußen einen schönen glatten Stein. Putze und trockne ihn, bevor du ihn weiter verarbeitest.
2. Schnappe dir jetzt deine Finger- oder deine Wasserfarbe und gestalte den Stein in deiner Lieblingsfarbe. Lasse die Farbe gut trocken (ggf. kann Wasserfarbe auch durch einen Lack fixiert werden).
3. Kinder, die schreiben können, können auch kleine Botschaften formulieren und diese aufschreiben.
4. Ist die Farbe getrocknet? Dann nimm dir nun den fertigen Handschmeichler und lasse diesen in deinen Händen wandern und spiele mit ihm. Er kann dir auch als Glücksbringer dienen.

MATERIALIEN

- Glatte Steine
- Fingermal- oder Wasserfarbe oder wasserfeste Stifte

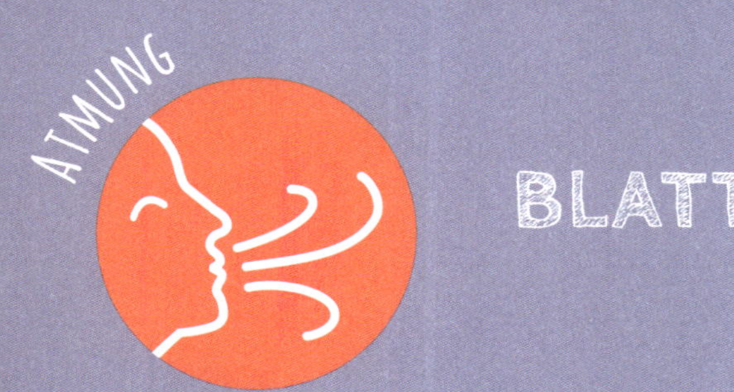

BLATTATMUNG

»Wir können Raupe Robbie auf dem Blatt helfen, schneller ans nächste Ufer zu gelangen. Dafür müssen wir kräftig pusten.«

1. Für diese Atemübung brauchst du ein schönes Blatt und eine große Schüssel voll Wasser. Du kannst sie auch in einem Waschbecken oder in der Badewanne umsetzen.
2. Lege das Blatt in die Wasserschüssel und beobachte zunächst, wie es ruhig auf der Oberfläche schwimmt. Wenn du Lust hast, dann male zuvor unsere Raupe Robbie mit einem wasserfesten Stift auf das Blatt.
3. Versuche nun, das Blatt mithilfe deiner Atemluft, also beim Ausatmen, vorsichtig auf dem Wasser zu bewegen. Aber Achtung: Das Blatt sollte dabei nicht untergehen.
4. Puste die Raupe Robbie von einem Ufer zum nächsten.

MATERIALIEN

- Blatt
- Große Schüssel
- Wasser

MIT LEOLI IN DER STADT

SPATZ SOPHIA IST WÜTEND

Spatz Sophia ist wütend. Ja, so richtig wütend. Ihr Körper fühlt sich ganz heiß an und jeder Muskel ist angespannt. Sie flattert so heftig mit ihren Flügeln, dass sie dabei sogar einige Federn verliert. Lasst uns mal nachfragen, was sie so wütend macht!

»Ich bin so wütend, weil die großen Tauben mir schon wieder das Futter vor dem Schnabel weggeschnappt haben. Die ärgern mich immer, wenn sie nur können. Aber jetzt reicht es. Das werde ich nicht mehr mit mir machen lassen.«

Kennst du das Gefühl, das Spatz Sophia gerade erlebt? Wann warst du das letzte Mal wütend? Was hat dich wütend gemacht?
Lass uns für Spatz Sophia da sein, indem wir mit ihr folgenden Spruch dreimal hintereinander aufsagen:

»ICH DARF WÜTEND SEIN. WUT ZEIGT MIR, WIE VIEL KRAFT IN MIR STECKT.«

Wenn du dich das nächste Mal wütend fühlst, dann sag diesen Spruch dreimal hintereinander laut zu dir selbst. Eines sollst du immer wissen, jedes deiner Gefühle ist wichtig. Und du bist genau so richtig, wie du bist.

Elterntrickkiste:

ZEHN STARKE SÄTZE FÜR STARKE GEFÜHLE

Mit diesen zehn Sätzen können Kinder liebevoll in gefühlsstarken Situationen begleitet werden.

»Du bist jetzt richtig sauer, oder?«

»Alles wird gut. Ich bleibe bei dir, bis die Wut vorbei ist.«

»Manchmal bin ich auch wütend. Das ist ganz normal und geht wieder vorbei.«

»Ich merke, dass du es nicht gut findest. Hast du eine bessere Idee?«

»Ich bin da für dich und höre dir zu!«

»Du kannst mir alles erzählen, was dich belastet.
Nimm dir so viel Zeit, wie du brauchst.«

»Klappt es noch nicht so ganz? Das üben wir noch mal.
Bald kannst du das sicher auch!«

»Ich möchte wissen, was du fühlst. Weil mir deine Gefühle sehr wichtig sind.«

»Wollen wir zusammen herausfinden, wie du dich abreagieren kannst?«

»Was können wir gemeinsam tun, damit es dir wieder besser geht?«

GERÄUSCHE-SPAZIERGANG

»Hier in der Stadt gibt es so viele unterschiedliche Geräusche. Welche Geräusche kannst du in der Stadt finden?«

Diese kurze Übung könnt ihr überall da umsetzen, wo ihr auf Stadtgeräusche trefft. Das kann direkt vor eurer Tür sein, vielleicht müsst ihr euch dafür aber auch z. B. auf einen Marktplatz begeben.

1. Gehe zusammen mit einem Elternteil nach draußen. Sucht euch einen belebten Ort. Ihr könnt diese Übung z. B. auch auf dem Weg zum Kindergarten machen.
2. Nun könnt ihr langsam ein kleines Stück spazieren gehen. Achtet jetzt nur darauf, was ihr hört! Das kann z. B. sein: laute Autos; Menschen, die sich miteinander unterhalten; das Piepen einer Ampel; Hundebellen; Rauschen der Blätter in den Bäumen etc.
3. Versucht euch gegenseitig zu beschreiben, was ihr hört und wo ihr es hört.

INFO FÜR DIE ELTERN

Schnappt euch flink ein Aufnahmegerät, z. B. ein Handy, und versucht, einige der Geräusche aufzunehmen. Eure Geräuschesammlung könnt ihr dann jeder Zeit zu Hause abspielen und euch an den Geräuschespaziergang erinnern, oder immer mal wieder neue Geräusche der Stadt sammeln.

MÜLLABFUHR

»Siehst du dahinten die Müllabfuhr? Wollen wir mithelfen, die Stadt vom Müll zu befreien? Das wird ein Spaß.«

1. Für diese Übung müssen zunächst einige dicke Wattebälle oder einige zerrissene Papiertaschentücher auf dem Tisch verteilt werden.
2. Schnapp dir einen Trinkhalm, stecke eine Öffnung in deinen Mund und halte die andere Öffnung dicht an ein Papierstück.
3. Sauge nun durch den Strohhalm so viel Luft ein, dass das Papier am Strohhalm kleben bleibt und du es nur durch deine Atemluft aufheben kannst.
4. Lege nach und nach alle Papierstücke an einem Ort ab. Vielleicht hast du auch z. B. einen Kipplaster, in dem du alle Papiere sammeln kannst.

Info für die Eltern

Bei der Übung geht es nicht um Schnelligkeit, sondern um Genauigkeit. Gelingt es dem Kind, so kontinuierlich einzuatmen, dass es das Papier mit nur einem Atemzug vom Start zum Ziel bringt? Falls nicht, baut euch vielleicht »Pausepunkte« ein.

MATERIALIEN

- Papiertaschentücher
- Trinkhalm
- Müllauto

LUSTIGE STADTBEWOHNER

»Hier in der Stadt sind so viele Menschen unterwegs! Komm mit, ich will dir meine lustigen Freunde vorstellen.«

1. Bei dieser Übung sollen sich Kind und Erwachsener einander gegenübersetzen oder -stellen.
2. Der Erwachsene beginnt nun mit der Vorstellung der ersten ausgedachten Figur (einige Vorschläge findet ihr unten). Er soll eine möglichst detailreiche Grimasse schneiden und dann sagen, wen er darstellt, z. B.: »Ich bin Ferdinand Freude.«
3. Das Kind soll dann die Grimasse so detailreich wie nur möglich nachmachen.
4. Ihr könnt die Übung noch erweitern, indem ihr zur Grimasse noch eine Körperhaltung oder eine Bewegung macht.

LUSTIGE STADTBEWOHNER UND -BEWOHNERINNNEN KÖNNEN SEIN:

- Gustav Grinsekatze
- Bruno Brummelbär
- Sarah Schlotterknie
- Wilma Wirbelwind

FAHRSTUHL FAHREN

»Wollen wir auf das Dach des höchsten Hauses der Stadt fahren und uns dort die schöne Aussicht angucken?«

1. Stelle dich aufrecht hin und lasse deine beiden Arme locker neben dir baumeln. Du bist jetzt das Hochhaus und dein rechter Arm ist der Fahrstuhl. Wenn du magst, kannst du auch eine Spielfigur in die rechte Hand nehmen, die du gleich zur Aussichtsplattform bringst.
2. Nimm jetzt einen tiefen Atemzug durch die Nase, sodass dein Bauch ganz rund wird.
3. Beim nächsten langsamen Ausatmen lasse deinen rechten Arm ebenso langsam deinen Körper entlang nach oben »fahren«. Stoppe die Bewegung, sobald du wieder einatmest.
4. Fahre erst mit der nächsten Ausatmung weiter nach oben. Vergiss nicht, den Fahrstuhl auch wieder nach unten zu bringen.

MATERIALIEN

- Spielfigur

SUPERHELDEN-POSE

»Heute Nacht beschützen wir die Stadt! Dafür ziehen wir unser Superheldenkostüm an. Davor zeige ich dir, wie man als Superheld oder -heldin keine Angst mehr hat.«

1. Die Pose, die du gleich einnimmst, sollst du für etwa zwei Minuten halten. Am besten macht ein Elternteil direkt mit.
2. Stellt euch jetzt selbstbewusst hin, wie ein Superheld oder eine Superheldin: Steht ganz aufrecht, stemmt beide Arme in die Hüfte, stellt die Beine hüftbreit auseinander und drückt die Brust stolz heraus. Hebt dabei noch euren Kopf leicht nach oben.
3. Haltet diese Pose für etwa zwei Minuten. Danach könnt ihr euch wieder entspannen.

INFO FÜR DIE ELTERN

Kinder und Erwachsene, die zwei Minuten lang eine kraftvolle Pose einnehmen, fühlen sich nachweisbar selbstbewusster. Und es bleibt nicht nur bei dem Gefühl, es dreht sich auch der Hormonspiegel: Speichelproben vor und nach dem Halten dieser Pose beweisen, dass das Selbstbewusstseins-Hormon (Testosteron) gestiegen und das Stresshormon (Cortisol) gesunken ist.

GEFÜHLE

DER GEFÜHLS-SCHATZ

»Wusstest du, dass ich mir jeden Abend überlege, welche drei Dinge mir am Tag besonders gut gefallen haben?«

Versucht, dieser Übung einen festen Platz in eurem Familienalltag zu geben. Das kann z. B. vor dem Abendbrot sein oder nach der »Gutenachtgeschichte«.

1. Besorgt euch für die Dankbarkeits-Übung schönes Papier. Das können z. B. bunte Haftnotizzettel sein. Habt ebenso ein kleines Gefäß, z. B. ein Glas mit Schraubverschluss oder eine Pappschachtel, zur Hand (das ist eure Schatzkiste).
2. Das Kind darf sich nun drei positive Dinge überlegen, die ihm heute passiert sind. Welche schönen Momente gab es?
3. Der Erwachsene schreibt die drei Schlagwörter nun jeweils auf einen Zettel.
4. Das Kind darf seine Gefühlsschätze in die Schatzkiste legen. Dort sind sie nämlich besonders gut aufgehoben.

MATERIALIEN

- Bunte Zettel
- Stift

Dankbarkeit im Alltag

Der Alltag ist bereits für die Kleinsten recht turbulent. Sogar Kinder neigen dazu, Dinge und Situationen eher negativ zu betrachten und den schönen Momenten weniger Bedeutung beizumessen. Vielleicht gab es im Kindergarten einen Streit? Oder es hat eine Ungerechtigkeit erlebt, die ihm nicht aus dem Kopf geht? Mit dieser Übung gelingt es spielerisch, den Fokus auf die positiven Dinge des Tages zu lenken.

Wofür sind wir dankbar? Das können die Freunde sein, die Eltern, Geschwister oder vielleicht auch für etwas ganz anderes? Bei dieser Übung gibt es kein Richtig und kein Falsch.

Legt einfach los. Mein Tipp:
Sie eignet sich besonders, als Ritual einen festen Platz in den Familienalltag zu bekommen. Es ist für Kinder übrigens sehr spannend zu erfahren, wofür Mama und Papa eigentlich dankbar sind.

MUSIK MALEN

»Kannst du die fetzige Straßenmusik hören? Lass uns versuchen, die Töne in ein schönes Bild zu verwandeln. Ich zeige dir, wie es geht!«

Musik kann man eigentlich nur hören, oder? Du kannst deine Lieblingsmusik heute sichtbar machen, indem du sie aufmalst.

1. Schnapp dir ein schönes, großes, weißes Blatt Papier, bunte Stifte, Wasserfarben oder anderes Material, mit dem du malen möchtest.
2. Der Erwachsene kann nun eine schöne Musik anmachen. Für diese Übung eignet sich am besten ein klassisches Musikstück oder Jazzmusik. Das Stück sollte nur instrumental sein.
3. Jetzt geht's schon los: Sobald die Musik ertönt, kannst du mit dem Malen beginnen. Das Bild ist dann zu Ende gemalt, wenn die Musik endet.

Info für die Eltern

Nach der Übung darf das Kind erzählen, was es gemalt hat. Versuche hierbei, das Kind nicht zu unterbrechen, sondern frei sprechen zu lassen. Auch Bewertungen wie: »Das sieht aber schön aus« sollten nicht geäußert werden. Versuche dich wohlwollend, aber wertfrei auszudrücken. Das Kind kann außerdem erzählen, was es gehört hat. War das Stück laut oder leise, schnell oder langsam, hoch oder tief?

MATERIALIEN

- Weißes Blatt Papier
- Bunstifte, Finger- oder Wasserfarben
- Musik

GROSSSTADTBLUME

» Heute wollen wir die Stadt noch bunter verlassen, als wir sie vorgefunden haben. Wie das geht? Lasst euch überraschen.«

Wir wollen die Stadt noch bunter machen und was gibt es Bunteres als Blumen und Pflanzen? Nehmen wir uns jetzt die Zeit, etwas Schönes einzupflanzen und beim Wachsen zu beobachten.

1. Je nachdem, welche Pflanzensamen ihr habt, bereitet euch die Watte oder die Blumenerde in einem Glasgefäß, z. B. ein Marmeladenglas, vor.
2. Pflanzt eure Samen nun ein und gießt sie mit Wasser.
3. Jetzt braucht ihr etwas Geduld. Stellt das Glas mit den Samen an einen halbsonnigen Ort und gießt die Pflanze täglich mit etwas Wasser.
4. Ihr werdet bald bemerken, dass etwas Schönes wächst. Nehmt diesen Prozess mit allen Sinnen wahr. Vielleicht könnt ihr eure Pflanze ja später sogar schmecken (z. B. Kresse) oder draußen einpflanzen, um die Großstadt noch bunter zu machen.

MATERIALIEN

- Blumenerde oder Watte
- Gefäß, z. B.: Marmeladenglas
- Samen, z. B.: Kresse oder Blumen
- Wasser

SOS-SCHNELL-ENTSPANNUNG

Begib dich in eine bequeme und sitzende Position. Setze dich z. B. gemütlich in einen Schneidersitz oder auf einen Stuhl. Stütze deine Ellbogen auf deinen Knien ab und lasse deinen Kopf entspannt hängen. So, dass dich nichts mehr stört und du für die nächste Zeit sitzen bleiben kannst. Nimm dir ruhig etwas Zeit, bis du die richtige Position für dich gefunden hast.

Wenn du magst, schließe jetzt sanft deine Augen. Atme tief durch die Nase ein und durch den Mund ganz langsam wieder aus. Mache das ruhig ein paarmal hintereinander. Und ein letztes Mal: tief durch die Nase einatmen und durch den Mund wieder ausatmen. Komme jetzt zu deinem ganz eigenen Atemfluss zurück.

Nun höre aufmerksam und konzentriert auf meine Stimme. Achte gleich besonders auf die Körperteile, die ich dir nenne. Versuche einmal deinen ganzen Körper zu spüren.

Ich bin ganz ruhig und ganz entspannt … Gedanken dürfen kommen und gehen! Sie sind mir gerade nicht wichtig. Wie große Wolken ziehen sie einfach an mir vorbei.